從小就該知道的金錢觀

父母與子女必讀的理財啟蒙書

10歳までに身につけたい子どもが一生困らないお金のルール

日本親子金錢教育專業講師
三浦康司／著
吳羽柔／譯

〈專文推薦〉

培養孩子能獨立生活的財務思維，是身爲父母的我們，這輩子能給他們最大的禮物

林明樟

我是一位職業講師，為兩岸三地數百家上市櫃公司及世界五百強公司的中高階主管與創業家們，進行財務思維的培訓工作，這十多年來親眼看過很多優秀的公司從雲端跌入谷底。在我個人的有限觀察中，發現超過百分之五十一都是因為財務思維出了問題，過度舉債盲目成長，才步入悲劇的情節中；加上自己年少輕狂時也曾投機取巧亂投資明知毫無獲利能力的創業項目，因自視過高以為自己無所不能，逆商業常識而為舉債all-in，這一次無知的行為，為自己創造了一輩子都忘不了的慘痛回憶：窮到只能喝水果腹，曾經七天未曾進食任何東西……還好，透過很多貴人的協助，幾年後，我幸運地東山再起。

那二次的經驗，讓我靜下心來將這些慘痛經驗配合財務理論，在自己的FB中，寫出數十篇有數百至上千人次轉發的各種財務思維分享文。

突破傳統金錢的錯誤框架後（不再追求表面的數字積累），我與老婆開始帶著子女露營近五十次，目的只有一個：以身教帶領自己的孩子了解：幸福可以很簡單，幸福不需要透過金錢的堆砌。

後來，因為我們日常接觸的好友們都是事業有成的企業家、企業家二代或大公司的中高階主管，小朋友在成長過程中，常不經意聽到我們與友人交談的商業資訊或金額……直到有一次哥哥（兒子）不經意地說出：「這台名車很棒，不過還好，它『只要』幾百萬元就能買到……」

我才發現：我錯了！因為身教在小朋友尚未有獨立思考能力時，其實能發揮的效用比想像中的低很多很多。

於是我和老婆討論，重新建立小朋友的金錢價值觀：教導他們如何幫忙做家事或放棄與同學玩耍的快樂時光到公司打工獲得零用金；教導他們要為自己的消費行為負責（買錯的食物要吃完；買錯的東西也要硬著頭皮用完一學期）；教導他們如何運用有限的資源去做網拍創造收入（意外的幫家中清理了不少鮮少使用的物資）；教導他們收入是否大於支出，以追逐自己長大後的夢想，以及萬一收入不足怎麼辦？萬一支出過高怎麼辦？等日後他們將面臨的真實生活議題。

經過多年的刻意身教與引導，很高興哥哥的金錢觀已有十足的進步，現在能忍住買飲料、零嘴、新衣服等日常開銷，只為了存錢購買一樣自己心儀很久的公路車零件。

金錢，對哥哥而言，已經不是一個數字或符號，而是可以透過自身的努力（縮衣節食）或創意想法，創造金錢的價值（數十次的網拍經驗讓哥哥相信萬物皆可賣，但要用心找出方法；籌組學校單車車隊時，為了找企業贊助經費，懂得把車衣胸口最大的廣告部位留給他老爸……雖然我後來沒有贊助他們，呵呵呵）。

以上是我們夫妻倆近十年來，自己摸索或學習來的孩子金錢觀教育的一小部分縮影……

這幾天趁連假空檔期間，拜讀了這本即將上市的新書《從小就該知道的金錢觀：父母與子女必讀的理財啟蒙書》，書中的做法與觀念比我們夫妻倆做得更完整、更系統化。我特別喜歡作者三浦康司的兩個觀念：一、與孩子們一起製定專屬你們親子間的「零用錢契約書」，這個觀念超棒，除了讓小朋友能主動管理金錢外，也讓小朋友練習做好自己的生活決策；二、運用生活中常見的商業場景，透過漫畫方式一步步帶著小朋友解開店家遇到的各種金錢難關，內化成自己日後所需的金錢觀養分。

我從在上市公司十多年的服務經驗與數次創業交往的各式朋友身上，深刻體悟：培養孩子能獨立生活的財務思維，是身為父母的我們，這輩子能給他們最大的禮物。

如果您也認同ＭＪ這二十多年來的些許人生體悟，那麼這本書《從小就該知道的金錢觀：父母與子女必讀的理財啟蒙書》，可能有您在教導他們財務觀念時一直在尋找的答案。

ＭＪ五顆星真誠推薦您，現在正用心教育小朋友的您，可以更幸福！就從閱讀本書開始吧！

（本文作者為連續創業家暨兩岸跨國企業爭相指名的財報講師）

〈專文推薦〉

「金錢觀」不只是「以錢賺錢」而已

陳安儀

女兒唸大學了。去年她放榜之後的第一件事，就是去找了一份工作，然後每個週末假日一大早六點半起床，坐公車轉捷運，準時去上早班。自從領了第一次薪水，除了比較龐大的學費和交通費用之外，她幾乎不再伸手向我拿零用錢。前兩天，她還用她辛辛苦苦賺來的錢，買了滷味、鴨掌回家給大家一同享用。

能夠自己賺錢、自己花用，對女兒而言，除了宣告她朝向獨立更邁近了一步，也意味著她能夠以自己的力量對家人表示感謝、和朋友分享快樂，並支配她自己的日常需要。她更計畫著要在大學四年存夠一筆錢，作為畢業之後搬出去就業的「基金」。我很欣慰地看到我們從小給她的「金錢教育」種子萌芽、長大，也很樂見她因為了解金錢的意義，進而珍惜金錢、並對未來有所計畫，一步一步腳踏實地的向前邁進。

我一直認為「教導孩子正確的金錢觀」是一件很重要的事情。不過，市面上很多書籍一討論到這個話題，就離不開「股市」、「金融」、「投資」……讓大多數家長感到自己能力不足，望而卻步；同時，過度強調「賺錢」的重要，也忽略了「金錢觀」不只是「以錢賺錢」而已。因此，我很喜歡三浦康司的這本《從小就該知道的金錢觀：父母與子女必讀的理財啟蒙書》，他開宗明義地就在前言中說到「財富」是「通往幸福的方法」而非「幸福本身」。的確，「正確的看待金錢」、「了解金錢的意義」，並進而能「隨心所欲的掌控金錢」，才是孩子一生受用的金錢觀。

在本書中，三浦康司教導家長利用日常生活中的機會，給予孩子金錢教育。包括錢的價值、錢從哪裡來、未來的自己要做什麼樣的行業、過什麼樣的生活，從而鼓勵孩子朝自己立定的方向努力……這些的確都是孩子小的時候，就可以開始的話題。等孩子大一點，更可以藉由觀察附近的店家，或是親朋好友的職業，再配合書中的小漫畫、小故事，讓孩子了解什麼是「金錢流動」，什麼是「商業模式」，甚至了解「看不見的錢」。此外，很多家長的困擾，像是零用錢該從幾歲開始發放？該給多少？發放的形式？用途規則？以及像「做家務到底該不該給零用錢？」……等常見的問題，作者也都提出了非常專業而實用的建議。

我很喜歡三浦在書中各章節最後所寫的小「專欄」，比方體驗「用自己的錢買禮物，能夠感動對方」「盡量讓孩子在實體店鋪購物」「我的女兒用匯差賺錢」等小經驗，印證在自己的親子關係中，有些我也有類似的經驗，但是也有些現在讀來才恍然大悟，原來當時可以跟孩子談得更多、更完整。在這個「金錢不是萬能，但是沒錢萬萬不能」的現代社會中，偏偏學校裡缺乏完整的金錢教育，部分家長又忌諱跟孩子談錢，或是談的方法不對，讓孩子覺得你滿腦子只在意錢。那麼，這本深入淺出、簡單易懂的《從小就該知道的金錢觀：父母與子女必讀的理財啟蒙書》，絕對是教導孩子的最佳幫手！

（本文作者為親職教育作家）

〈專文推薦〉

父母是引導孩子認識、學習金錢觀最重要的啟蒙者

番紅花

說起我們這一輩五六年級生父母，多數人是在大學畢業、有了第一份薪水之後，才開始向銀行申請人生中的第一張信用卡和提款卡，試著理解如何不過度擴張使用「塑膠貨幣」。然而這果真不是容易通過的人性考驗，二〇〇四年左右，國內爆發了驚人的卡債風暴，各種卡奴、月光族的悲慘真實案例報導，在在說明「理財」是現代人不得抗拒學習的常識與知識。童年時我們在「儲蓄是種美德」的教條下長大，父母和學校幾乎不曾積極引導我們認識「金錢管理」的重要，那時我身邊不少親友受卡債之累，賠上婚姻或正常的生活節奏，好長一段時間難以擺脫債務纏身的困境。

時代的巨輪快速前進，如今許多孩子從小學就開始持著悠遊卡、icash等儲值

卡在便利商店買麵包、便當或飲料，國中或高中時，他們已很嫻熟的在網路平台上購買衣服、鞋子、書籍和演唱會門票，我的女兒告訴我，高中時班上有好幾個同學是拿著父母給的信用卡附卡在進行日常消費的。當孩子使用電子貨幣的年齡大幅下降，當整個大環境不斷刺激孩子消費的便利性、多樣性與即時性，身為父母的我們，是否已跟上這潮流，意識到孩子正處於刺激消費的洪流裡，我們必須正視孩子的「金錢素養」呢？

畢竟，欠缺金錢管理能力、被錢所困的人生，是沒有幸福可言的。

與其仰賴學校傳授「讓孩子一生受用的金錢觀」，不如提醒父母要從自身的家庭教育做起。孩子日日默默觀察父母的消費模式，也從父母手上領取吃飯、搭車、買文具、社交所需的零用錢，因此，隨著孩子的成長，循序漸進地引導孩子認識金錢、學習管理運用金錢，父母是這方面最重要的啟蒙者。

本書作者三浦康司在日本是一位FP（Financial Planner，理財規劃顧問），他開辦了「Kid's Money School」，對於將理財知識轉介給孩子，擁有豐富的經驗。全書不唱高調又淺顯易懂，透過他流暢的敘事能力與嚴謹邏輯，讓我們以健康的態度直視金錢的重要與價值。記得小時候寫文章形容一個人的俗氣，有個通俗的用法是「他全身沾染了銅臭味兒」，俗話也有謂「談錢就傷感情……」，我們往往避談錢，或是為金錢扣上不高尚的帽子，久而久之，我們也就不知道如何讓孩子由點到面，對金錢的價值有著全面地觀看與思考。

人活著沒有一天不花錢，每天都是我們教育孩子認識金錢的機會，這本書對年輕父母來說，是一本很實用的育兒理財指南。畢竟我們不再能完全因襲上一輩父母所灌輸給我們的金錢觀，我們需要跟上時代的理財知識，從日常生活裡，建構孩子對金錢的正確態度，這可是比孩子現在的考試成績更影響他未來的人生幸福啊！

（本文作者為親職暨飲食作家）

〈專文推薦〉

看不見錢的時代

廖笙光（光光老師）

隨著爸媽對於孩子越來越疼愛，為了養孩子燒了大把大把的鈔票，但孩子們卻對於「錢」越來越陌生？

在不久之前的社會中，孩子往往從小看著爸媽工作，不論大人在做什麼，孩子也從小跟著學。一切的事不論是開心或辛苦都看在眼裡，自然從小就知道生活的辛勞。我們不需要教導孩子，孩子自然會有深刻的體會，當然也就更加珍惜用錢。

現在孩子們不愁穿、不愁吃，甚至連遊玩也都不缺。對於眼見為憑的孩子們，只要插上一張「卡片」就可以領到鈔票，而爸媽會拿著它去換玩具或食物，似乎一切都是理所當然的？又該如何讓孩子理解賺錢的辛苦，並懂得不要浪費呢？

如今的情況又更加複雜，隨著生活的改變，線上購物、信用卡、悠遊卡……，還有一大堆的第三方支付。買東西，結帳時只要拿起手機，嗶一下，連錢包都不用拿出來。也難怪，現在人不帶錢包沒關係，手機沒帶那可就麻煩大了。

當我們連「現金交易」都大大減低的同時，又增加孩子理解的一個「障礙」。當孩子不懂得一切都需要「錢」，需要用工作的辛勞交換，自然也就很難學會珍惜。如同作者所說的，我們無法改變「電子貨幣」的潮流，但我們卻可以改變自己，不再將「談錢傷感情」的想法放心上，而是正視「財務教育」的重要。在社會環境改變下，孩子們也將面對不同的挑戰，正確的「現金觀」也是他們必須要事先準備好的能力。

對於絕大多數的家長而言，財務教育大概就是給「零用錢」，唯一考慮到的也就是給多少元比較適合。這部分書中有更深入的見解，讓我耳目一新，好好反省了一陣子。運用將「零用錢」分成三個部分：儲蓄金、感謝金、自由支配金。儲蓄金是累積半年或一年，可以買一個期望的物品，讓孩子學會儲蓄；感謝金是用於感謝別人的協助，不一定可預期，因此需要預先準備；自由支配金則是孩子可以自由運用的部分。從這樣來說，原來我們給的「零用錢」只是「自由支配金」，卻又抱怨孩子為什麼總是花光光，其實是我們沒有幫孩子搞清楚規則，訂出一個可以良好運作的方式。

對於「感謝金」這部分，乍看下有一點怪，但卻貫串整本書。若以接受人的角色而言，除了自己努力工作賺取的金錢以外，還有來自於別人，因為我們的幫助而讓對方心生感謝給予的感謝金。換句話說，如果你的能力越強大，可以獲得越多人的「感謝」，才可以獲得更多的錢。「金錢不骯髒」，努力工作也不是因為貪婪，而是由於你可以服務更多的人，獲得更多人的感謝。

在這個看不見錢的時代，一切都變得便利，卻也更「燒錢」。不要讓孩子誤以為一切都是免費的，而是從小幫孩子建立正確的「金錢觀」喔！

（本文作者為奇威專注力教育中心執行長）

前言

身為父母，誰都希望孩子能不為金錢所苦，幸福快樂的生活。

不過學校從來不教理財，經常連父母自己都沒有充分的金錢知識。如果自己不擅理財，又如何教育孩子呢？甚至許多人對孩子的理財教育抱持著不安。

我是「日本兒童競爭力培養協會」（日本こどもの生き抜く力育成協会）的代表理事，開辦了「Kid's Money School」（キッズ・マネー・スクール），在日本培養出兩百五十名被稱作「兒童財富老師」的資格教師。起源是我過去從事房產業時為服務客戶，常向育兒中的父母分享理財知識，當時廣受各方好評，才又創立了專門的研討會。

我同時也是一位FP（Financial Planner，理財規劃顧問），一直以來的理念都是「溫柔漸進、以有趣的方式傳遞最重要的事物」。

我曾提出多項企劃，試圖以遊戲教導孩子什麼是金錢、如何理財等概念。例如「爸爸銀行」讓孩子們以百分之十二的年利率儲蓄自己的零用錢；「開店家家酒」則以玩角色扮演的方式帶孩子學習交易結構。這些企劃常得到「淺顯易懂！」「真是個教孩子金錢知識的好機會！」等超乎想像的好評。

這本書寫給正在育兒的父母們。

從孩子們最熟悉的零用錢開始，到世界上流通的、日常中會碰到的金錢，甚至是看不見的電子貨幣。本書包含所有我希望孩子們在十歲左右就學會，或者能大致掌握的金錢觀。

在你苦惱「怎麼教小孩這個概念？」的時候，其實正是孩子學習的最佳時機。正在閱讀這本書的父母，你已經掌握了這個機會！

財富是通往幸福的「方法」而非幸福「本身」。希望父母帶孩子一起學習金錢觀的同時，也可以共同討論，如果要達成夢想或變成自己想成為的大人，應該如何面對自己的財富。

金錢絕對不骯髒也不恐怖。它和空氣與水一樣，是生命中不可或缺的重要事物。

請大家跟著我一起從零開始，學習教會擁有美好未來的孩子們金錢的意義、使用方式，以及增加財富的方法。

二〇一九年初夏　三浦康司

目錄

第2章

看見金錢的真正價值！「交易的結構」

第3章

現代小孩的必備技能！如何面對「看不見的錢」

第4章

宏觀看世界！「世界上的錢」及外匯

第5章

讓孩子未來更富饒的「人生規劃及夢想」

DENSHI MONEY

100
5

第1章

跟孩子一起討論「基本金錢觀」和「零用錢規則」

如何跟孩子說明錢的價值？

你能教孩子如何運用及看待金錢嗎？

如果毫不猶豫的回答「可以！」，我想你就不用繼續閱讀本書了。但我希望對答案不太確定的家長能繼續看下去。

隨著電子貨幣的普及，現代的貧富差距日漸擴大。一部分的人把錢以活期儲蓄存款的方式放在年利率百分之○・一的銀行裡，利率比不上物價上漲的速度，實際所擁有的金錢日益減少；另一部分的人則巧妙運用各種電子貨幣的點數回饋，透過正確投資來增加自己的財富。

其實只要掌握金錢的各種型態，例如利率、物價、投資或價值等知識就能夠賺到錢，不過大多數的人對此仍一無所知。

這個世代的父母在未來無法領到應得的國民年金。主因之一是壯年人口減少，漸漸無法支撐龐大的高齡化族群，到我們子女的世代，人口持續銳減，勞動人口負擔也會逐年增加，最終人民將領不回任何年金。我們可以預想，當這些孩子成為父母時，有許多人會受貧困所苦，在這樣嚴峻的時代，無法掌握財富的孩子又該如何生存？

我不希望孩子走向這樣的未來，而希望他們能夠幸福快樂，最重要的是不為錢所苦。

孩子最有力的武器就是「時間」，所以我希望他們趁早學會正確的金錢觀。除了學習如何工作賺錢或投資致富外，他們也該掌握正確的理財方式。即便是大人，也有非常多人不懂如何理財。但為了能安穩度日，現代的孩子必須學會理財，而我們該如何教孩子呢？

父母應該從「建立對金錢的印象」開始著手。

舉例來說，看到父母拿辛苦賺來的錢帶孩子去店裡買想要的物品，孩子因「金錢能換取想要的物品」學會如何用金錢表達感謝。這是第一步。接著可以讓孩子開始管理自己的錢，即使只有少部分也好，失誤了更不要貿然介入，這是一種學習，孩子將透過實際經驗學到金錢的管理及使用技巧。

現代的兒童嚴重缺乏「財商」

目前的義務教育中不包含理財課程。其他國家如美國、香港都從小學就開設理財課，新加坡也開始發展金融教育。

但台灣兒童現今幾乎沒有學習理財的管道。

我們從父母或祖父母輩學到的觀念是「不要跟孩子談錢」。

有很多人也聽過「摸過錢要記得洗手，因為錢被很多人碰過」。錢是骯髒的東西，大眾也都覺得在他人面前談論錢是禁忌。在台灣，很多人甚至還固守「儲蓄是美德」的價值觀。

不過現代少子化、高齡化日益嚴重，孩子長大成人時，年金和社會福利已無法保障生活。終生雇用制及薪水穩定增長的時代已經結束，雇傭關係也漸趨不穩定。

儲蓄是基本，不過有限金錢的管理、運用、增值，將成為未來生存必備的技能。

另一方面，由於少子化、高齡化導致勞動力不足，未來將有更多外籍移工進入台灣。與世界競爭時，缺乏金錢觀教育也就會因而占劣勢。

要在這樣嚴峻的環境中生存，核心條件就是成為能夠掌握世界金融架構，並正確運用金錢獨立生存的大人。這將成為孩子未來在社會發揮所長、與他人競爭合作的關鍵能力。

本章將討論孩子獨立生存、自力賺錢不可或缺的知識。

所以，錢到底是什麼？

當孩子問：「錢是什麼呢？」你會如何回答？

①用來買物品的東西

②生活不可或缺的東西

③為了安穩的未來先存起來的東西

其實有很多答案，不過孩子最容易理解的是「用來買物品的東西」吧？

孩子其實一直都在觀察大人如何、在哪裡使用金錢。看見父母買糖果玩具，三歲的孩子都知道「只要有錢就可以得到想要的東西」。孩子們對錢的概念其實比你想像的更清晰。

如果孩子就這樣長大……有點可怕呢。

不過，孩子實際觸碰、感受到錢的機會又有多少呢？

若要用到錢，理所當然就是去ＡＴＭ提款；要搭車或買東西，可以輕鬆感應悠遊卡或一卡通就完成付款；要匯款與購物，也可以用手機輕鬆操作完成。

不久前，我們買東西、購票都還得用現金，當時的孩子在日常生活中就能學習用現金付款。

但現代的孩子反而更常看到大人用「卡片」購物。他們很容易就會喪失對價格的感知力，認為不管價錢高低，點一點觸控面板或「嗶一下」就能輕鬆買到。

錢不只是符號和數字

現代孩子自出生便過著衣食不缺，被美食、新衣及各式玩具包圍的生活，缺乏「為了想要的東西努力奮鬥」的概念。因此才會說：

「壞掉了買新的不就好了？」

「如果錢不夠就去跟阿公要。」

「什麼？今年紅包不是三千塊喔？」

聽到孩子說出這些話，如果感到有一點不安及違和，請務必把握這個教育機會，跟孩子討論「錢的價值」。

我在課堂上常問學生「大家覺得一千塊是重還是輕呢？」孩子想到千元鈔，多半會回答「輕」。這時我會拿出裝著一千個一塊錢的塑膠袋，讓孩子實際拿拿看。這個袋子非常非常重，有些孩子甚至無法單手拿起。這袋硬幣跟千元鈔價值相同。體驗過一千枚硬幣的重量後，孩子會改變對一千元的想法。

我們無法阻止電子支付的潮流。正因為孩子們在現實中無法體驗現金的實際價值，父母更應該有意識的教導孩子。這其實不難，有許多能帶孩子邊玩邊學的方式。請各位從今天開始嘗試看看吧！

重量不同但價值一樣！

1元 硬幣 是3.8公克，所 以1000元約為4公斤！
好輕！
好重！
1000 yen
1000 yen

如果從袋中拿走一個硬幣，還可以買1000元的玩具嗎？答案是不行。以這樣的問答了解「1塊錢的重要性」。

越早瞭解金錢越好

我在授課時發現，孩子都很晚才開始學習如何賺錢。我想這跟第29頁提到「不要跟孩子談錢」「錢很髒」等深植的觀念也有關係。

不過，如果孩子不知道賺錢的方法，就無法想像為什麼要工作、世界上有哪些工作、或是工作與金錢的對價關係了。

我曾在課程中帶孩子討論各式各樣的職業及薪水。我會列出下頁圖示，藉此教孩子世界上的各種職業。

①上班族A↓公司的正職員工。星期一至五從早工作到傍晚，週末休息。

②房仲B↓公司的正職員工。依照成交房屋數量決定薪水，有獎金制度。星期二跟三休息。

③老闆C↓自己付自己薪水。賺錢的時候可以賺很多，但不賺錢的話就一塊錢也賺不到。

④公務員D↓公務員的薪水依法律決定。雖然跟A的工作時間相同，不過薪水由國家稅金支付。

⑤打工族E↓一個星期打工三至四次。不是領月薪而是時薪。

除了教孩子工作能換取等值薪水之外，也要同時帶他們認識未來各種職業選項。

想像未來的自己要做什麼樣的職業

前一章談到的討論中，如果問孩子想做哪樣工作，大家通常會選⑤打工族，而理由大多是「工作時間很少很輕鬆」，我認為這跟現代孩子物慾低有關係。不過關鍵原因還是在於孩子沒學過「得到錢的方法」。

如果對不同職業背負的責任、勞動內容、能夠換取的薪水沒有任何概念，孩子自然會選擇「好像很輕鬆」「工作時間少」的職業。（當然也有需要背負責任或付出相當勞力的兼職，這邊只是舉例說明。）

台灣有各式各樣的職業，父母可以跟孩子一起想像各種職業都在做些什麼，這是認識職業選項的好機會，也可以問問看孩子「爸媽的工作是哪一個？」「你最想

跟孩子共同想一想各種職業分別要承擔的責任吧！可以從父母的職業談起，因為父母工作的模樣最能引起孩子共鳴。利用晚餐時間或假日跟孩子聊一聊自己在工作上感到有意義的事物。

做哪一種工作？」

學校教的知識固然重要，但也要讓孩子在生活中意識到金錢的存在，否則他們無法理解「金錢是有限的」「因為父母在賺錢所以我們才能好好生活」。現今社會出現的許多「尼特族」和輕易就辭職的年輕人，其中一部分原因也是因為他們無法體會「金錢」與「生活」的關聯性吧！

生活一定得花錢，水跟衛生紙都不是免費的！

孩子忘了關水龍頭，或者連抽好幾張衛生紙時，父母會覺得過於浪費，這正是教孩子「水跟衛生紙都必須花錢買」的好機會，不過請避免情緒化的說教。

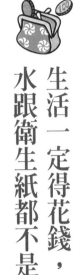

有一本書叫做《這是環保假知識？震災教會我的二〇三〇年心靈富裕生活樣貌》（それはエコまちがい？震災から学んだ、2030年の心豊かな暮らしのかたち），書中以淺顯易懂的圖說講解泡澡所花費的水量等資訊。如果能陪孩子閱讀這類有關環保的書，就會驚訝的發現「哇！原來我們都這麼浪費！」

讓孩子比較不同期的水電費也是個好方法。

跟孩子一起思考該如何節約資源？哪裡會浪費資源？就會發現，日常生活中，原來處處都要花錢。如此一來，不只能慢慢建立起孩子的價值觀，更能有效節省家用支出。

如果透過這些討論，跟孩子反覆對話，他們也漸漸會理解「原來錢不是想要就有，而是父母努力工作得到的有限資源。」

裝滿浴缸大約花掉200公升的水

沖澡一分鐘會花掉
12公升的水！

每人每日在家裡使用的水量約為 220 公升，
也就是 110 瓶 2 公升寶特瓶的量。

零用錢該從幾歲開始給，又該給多少錢呢？

當孩子開始說「買那個給我！」「我想要這個！」，就代表他對錢已經有了充分概念，而孩子掌握了對錢的概念後，就是時候給零用錢了。

有些父母擔心給孩子錢會被亂花。其實亂花錢對孩子來說不是失敗，而是學習的機會，小時候的金錢損失因為額度有限，不容易造成大問題，因此讓孩子不畏失敗、慢慢學習理財吧！

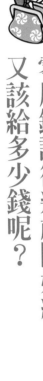

關於零用錢的金額，我建議由父母跟孩子共同討論決定。根據每個家庭狀況不同，給孩子的金額也會不一樣，這沒有絕對答案。

如何決定一個五歲小孩的零用錢，一百元夠嗎？一千元夠嗎？其實這沒有一定的計算方式，雖然曾有人提議以三十元乘上孩子的年紀來計算零用錢，不過我認為最好還是依每個家庭的討論結果決定。

我聽過一個小學二年級的孩子一個月拿兩千元的零用錢。

聽到小學低年級孩子一個月拿兩千元，大家的反應都是「太多了吧！」，其實那孩子的母親把上書法教室的費用一千八百元也算進零用錢裡，所以扣掉補習費，孩子一個月只有兩百元。

孩子藉此可理解上書法課要花的費用，這並不是一件壞事，他們反而會感受到自己花了這麼多錢，更應該好好上課，珍惜學習的時間。

所以我希望父母能跟孩子共同討論零用錢的金額。

讓孩子感受帶著錢的緊張氛圍也是非常重要的體驗！

零用錢該以什麼形式發放？

關於零用錢的發放方式，我推薦「定額型」「報酬型」和「混合型」三種。

①定額型

也就是每個月給固定金額。

定額型的好處在於每個月拿到的金額相同，孩子比較容易學會管理金錢。

不過缺點在於因為這是跟孩子一起決定好的金額，所以父母沒辦法對孩子說：「因為你不乖所以要扣錢。」採用此方式的父母要先有心理準備。

②報酬型

報酬型是將家事以固定金額計價來決定零用錢的方式。例如說打掃浴室可以拿到五十元，洗碗也是五十元等等。

報酬型的好處在於孩子可以實際體驗到金錢與工作的等價關係。

不過壞處是連拿個遙控器的小事，都可能被問道：「那你要給我多少錢？」這時父母應該會一股火衝上腦門，如果什麼東西都要換算成錢，實在讓人相當困擾。

因此採用報酬型零用錢時，在一開始就要討論好什麼工作能換到多少錢。

我們家的規則是，維持家人生活品質的必要付出，就不能與零用錢扯上關係。家裡曾養過一隻狗，給飼料、清理排泄物等工作就被設定不能換取零用錢。

父母也可以將覺得麻煩、無暇處理的家事列出來，讓孩子從中選擇自己想要做的家事來做。

③混合型

這是「定額型」跟「報酬型」的混合版。如果孩子失去幫忙家事的動力，報酬型零用錢就無法成立，就算孩子小時候很認真的賺零用錢，長大也可能會慢慢不適用這種方式。「混合型」在這時就是從「報酬型」轉換為「定額型」零用錢的有利方式。

每個家庭都有不同基準與思考模式，請一定要跟自己的孩子討論。如果討論好了就嘗試看看該方式，無須跟其他家庭比較，並有自信的說：「我們家有我們的規則！」

我家有兩個相差兩歲的女兒，隨著年齡增長輪流採用的方式是「報酬型↓混合型↓定額型」。孩子上中學後會想要一次拿固定的金額，從此定型為「定額型」零用錢，而多數孩子因為長大後就不再對幾十塊零用錢感興趣，報酬型做法將慢慢失去功能性。

重要的零用錢約定
零用錢契約書

（孩子名）和 （家長名）

約定一個月／一週的零用錢給予方式如下

儲蓄金　感謝金　自由支配金

合計 元

零用錢發放日

每個月 號或每週 發零用錢。

幫忙家事獎金！！

1

2

契約書
是重要的
約定喔！

約定好零用錢額度後就立下契約書吧！如此一來不但親子雙方都能有心理準備，孩子也會感受到自己真的長大了。每個家庭的規定不同，建議父母也可以事先訂好「可以花零用錢的場合」及「不能買的物品」。

制定零用錢使用規則

協議好了零用錢的金額，一定要共同討論如何分配使用（請參照第50頁「零用錢計劃表」）孩子應該自己規劃零用錢該如何使用，建議可以依用途把零用錢分為三份，各項分配額則可以每個月調整。

儲蓄金　努力存了半年到一年，甚至是累積了更久的金錢

比較適合的引導方式是「之後可能會有想買的東西，我們先存錢做準備吧？」。理想狀況則是具體設定目標「為了能夠買到×××所以目標是存到○○○元」，不過這對年幼的孩子來說還太難了。

未來爸媽也許會碰到孩子想買高價物品，而感到猶豫的情況。這時候「儲蓄金」部分的零用錢就能派上用場。

假設孩子說：「我想要買那個遊戲！」儲蓄卻只有五十元時，父母可以試著提出建議：「那我們從今天開始一個月存一百元吧？真心想要的話應該做得到吧！」

另外一個鼓勵方式是：「你如果努力存到五百元的話，剩下的錢就由媽媽來贊助喔！」

如果孩子能夠按照計劃儲蓄，就代表他能為了自己想要的東西付出相應的努力，也證明他是真心想要買那項商品。這不僅提供父母標準來判斷「這個商品值不值得買給孩子？」，孩子也能夠養成定期小額儲蓄的習慣。

感謝金 為表達謝意或是幫助他人而使用的金錢

這部分的錢主要拿來購買家人和朋友的生日禮物，或者用於捐獻。讓孩子把錢用來表達對他人的「感謝」之情。

我一直以來都對孩子傳達一個觀念：金錢是可以表達「感謝」的。

或許也可以將這部分的零用錢稱做「捐獻金」吧？

在便利商店購買果汁的時候，店員會說「謝謝惠顧！」，而我們付錢來交換果汁這項自己想要的「商品」。人們以金錢換取物品的同時，也會相互道謝，「感謝金」就是用來教會孩子這個道理。

說「謝謝」不代表一定會為周遭的人帶來快樂。但絕對不會有人因此感到不幸或厭惡，大多數人心情都會變好吧！

我希望孩子們學會的是「金錢和感謝等價」，這是很棒的一件事。請各位父母務必透過零用錢規劃，讓孩子學會用金錢表達謝意。

自由支配金 用來購買生活中「必要物品」的金錢

這是讓孩子用來買想要的玩具、飲料、零食或文具等物品的錢。

如果是上學必要的文具，可以跟孩子討論決定該用自己還是父母的錢來支付。

另外，請父母避免干涉孩子使用自由支配金的方式。零用錢給孩子之後就是屬於他們的錢了。

零用錢計劃表

儲蓄金

感謝金

自由支配金

跟孩子共同討論要使用儲蓄金、感謝金、自由支配金買哪些東西吧！

零用錢記帳表跟錢包

決定好零用錢的額度跟使用方式，就可以使用下一頁的零用錢記帳表了。不過小學高年級到中學的孩子才剛開始能記帳，對國小低年級的學生來說還有點難度。

其實有些大人也不太會記帳。可以教孩子先用最簡單的方式，把買東西的發票收集起來，貼在筆記本上就好。

這麼做的目的是希望孩子輕鬆快樂的學習，如果過度嚴格的管理金錢，不只會讓孩子備感壓力，親子之間也會常吵架，造成反效果。

剛開始發放零用錢時，也一定會討論到錢包的樣式。請務必親子一起購買第一個錢包，讓孩子自己選擇，這樣一來他們既能感受到自己像個大人，使用錢包的時候也會更加興奮！

每月零用錢記帳表

與家人約好的規則

本月零用錢 ＋ 前月餘額

合計

儲蓄金　感謝金　自由支配金

讓孩子知道自己每個月可以用多少錢

寫上「買了什麼」「多少錢」

日期	項目	收入	支出	餘額
合計				

掛在脖子上的小袋子也可以當錢包使用。這種小袋子能避免忘記或弄丟，非常適合當孩子的第一個錢包。

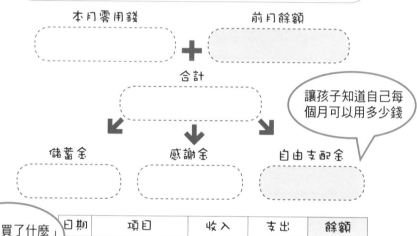

如何教孩子控管零用錢

常有父母詢問該把孩子的零用錢收在哪裡才好？

例①：像薪水袋一樣放在袋子或信封袋裡。

例②：放在飾品收納盒裡。

例③：放在玻璃罐裡。

其實放哪裡都可以，重點是孩子得自己管理。就算孩子有失誤或做不好的地方也沒關係，這是一種學習機會，重要的是親子一起輕鬆愉快的學習。

零用錢存放方式範例

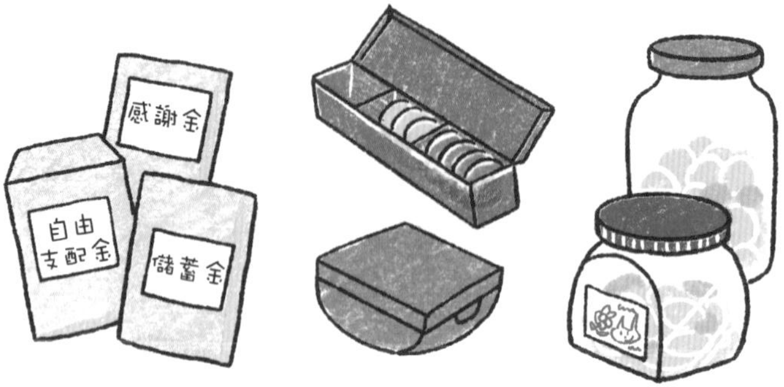

① 袋子或信封　② 飾品收納盒　③ 透明罐

請讓孩子自己選擇如何收納。自己選才能讓孩子感興趣，並樂在其中。

我個人推薦收在像例③的透明罐或容器裡，因為這樣能清楚看到裡面的錢。

Kid's Money School中某個講師的孩子曾因為買太多糖果，「自由支配金」大幅減少，他就從「感謝金」拿了一點放進「自由支配金」裡。

不過真的把要用在別人身上的錢拿來自己用的時候，孩子會有罪惡感。明確分別使用目的，並把錢放在能看見的存錢筒裡，可以藉機讓孩子學習使用金錢時會面臨的各種情感。

上述的孩子因為偷拿了感謝金而感到罪惡，下一個月拿零用錢的時候，就主動減少「自由支配金」的配額，移到「感謝金」裡面去了。

定期開零用錢會議，讓孩子寫零用錢提案書

決定了零用錢的發放、管理及使用方法，就可以定期舉行「零用錢會議」，帶孩子檢討零用錢規範。

隨著孩子成長，想要的東西跟需要的零用錢金額都會產生變化，因此定期檢討才能讓零用錢制度更有意義。

例如，我家的孩子們希望父母提高零用錢額度時，必須要寫「零用錢提案書」。

①希望提高多少額度？

②為什麼想提高額度？

提案書

我升上高中之後，會有更多需要跟朋友交際的場合。

跟社團學長姐或朋友一起外食的次數會增加3次。1次160元，3次就是480元。這是很重要的社交活動。

零用錢若不增加約480元會不太夠用，取整數希望能增加450元，合計900元。謝謝。

我家二女兒寫的零用錢提案書

我請孩子明確回答以上問題，整理出讓父母能夠同意的提案，不限格式，只要寫出可以打動父母、有說服力的內容即可。

我的二女兒升上高中後因為參加社團，交友關係變得更多元，也常常在社團活動後跟朋友在外吃飯，於是她希望能增加零用錢額度。

提出「零用錢提案書」時，必須明確列出「理由」及「額度」。

- 一個月會跟朋友在外用餐三次
- 因為一次花一百六十元，大約會增加四百八十元的支出，如果不參加也許會影響社交生活為了讓提案書看起來更完整，她還把常去的餐廳照片也剪下來貼在提案書上。

最後我們接受了二女兒的提案。

亂花錢也是寶貴的經驗！別干涉給孩子的零用錢

身為父母，難免還是會關心孩子怎麼花零用錢吧！

不過零用錢既然已經給孩子，那就是孩子的東西了。

雖然總是會想追問：

「有沒有亂花錢啊？」

「是不是都用來買零食了？」

「有沒有存一些下來呢？」

不過請努力忍耐！

換個立場來想，如果上司問你「薪水要怎麼花？」「不要把錢花在那種地方，很浪費耶！」自己應該也會不開心吧？孩子也會有一樣的情感。

請信賴自己的孩子，忍住干涉的衝動。雖然需要忍耐，但父母默默在一旁觀察孩子的行為，在他們的成長過程中是不可或缺的一環。

亂花錢或小失敗也是重要的成長經驗。

不強迫孩子存錢，共同討論零用錢用途

如果沒有目標，人很難持續努力下去。存錢也是如此。

如果希望孩子養成儲蓄習慣，平時可以多跟孩子談一談想要買的東西。

被問到「生日禮物想要什麼？」時，大人也無法馬上回答吧？同樣的，人們對於自己「想要什麼」或「東西是否必要」其實意外的不太清楚。

在日常對話中可能會意外發現一些線索。例如孩子說：「媽媽，這雙鞋已經破破爛爛了。」「襪子要破洞了。」「墊板邊邊缺角了。」的時候，就可以馬上把物品列進購物清單。

必須立即換新的物品可以由父母出錢購買，不過該物品如果還堪用，就可以向孩子提議：「那我們存錢一個月，再買新的墊板好嗎？」

反覆累積這些對話，孩子也會漸漸了解自己真正需要什麼。錢不是只花在買糖果跟玩具上面，帶孩子輕鬆愉快的邊學邊玩，一步步學習「預備買日用品的錢」也是很重要的。

小專欄

零用錢「感謝金」的使用方式
——體驗「用自己的錢買禮物，能夠感動對方」

我想推薦大家一個感謝金的使用方式。

假設爺爺奶奶還在世的話，請務必讓孩子準備他們的生日禮物。

如果爺爺奶奶知道孫子用自己零用錢買禮物，應該會覺得更感動吧！這能讓孩子更深入理解到「感謝」的意義及概念。

這筆錢也可以用在捐款上。不是用父母的錢，而是將自己的一部分零用錢捐獻給他人，孩子在被道謝的時候一定會更加開心。

使用金錢並收到他人的感謝，這類經驗對孩子來說是珍貴的資產。

請務必讓孩子體驗看看。

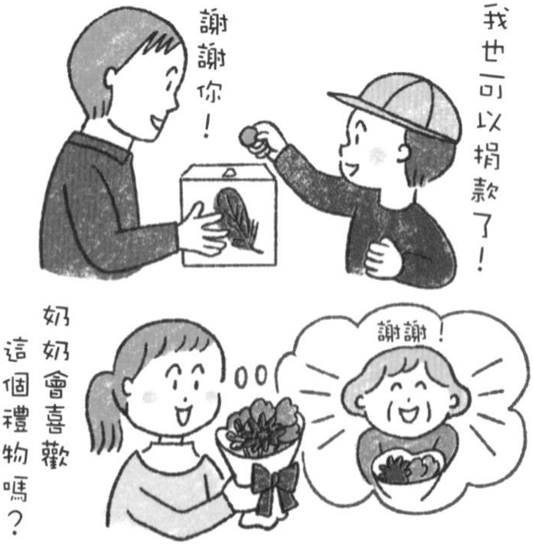

「為別人做了什麼」能讓孩子感受到自己的存在價值，同時發展出自尊心。

第2章

看見金錢的眞正價值！「交易的結構」

兔子和烏龜開的麵包店，哪個比較賺錢？
我的麵包店本日開張！來烤些好吃的麵包吧！
烏龜你還在揉麵團嗎？我昨天已經烤好麵包，現在只剩上架囉！
你動作好快喔！
KAME BAKERY
哇！我也要快點準備才行！你動作好快喔！
我做事超迅速！只要趕快擺一擺我就可以休息了。麵包一定馬上賣光光！
呼～
終於烤好了！嗯，看起來超好吃！

- 烏龜的麵包為什麼可以賣完呢？
- 「利潤」是什麼？

一起來討論金錢流動吧！

理解「金流」是靠自己賺錢的第一步

學齡前至小學低年級的孩子不理解如何賺錢是很正常的。我會透過麵包店的營運向他們說明金錢流動的方式：

錢（薪水或獲利）的來源

一個一百元的麵包賣出十個。營業額是一千元。

做麵包的過程需要花各種物料費用，例如店租、水費、瓦斯費、材料費……假設做一個麵包需要四十元，十個麵包的物料費就是四百元。另外還要付薪水給麵包店員工，一個人兩百五十元，請兩個店員就要花五百元。

營業額（一千元）－員工的薪水（五百元）－物料費（四百元）＝一百元。
賣出十個麵包實際賺到的錢（獲利）是一百元。這就是最基礎的「金流」範例。

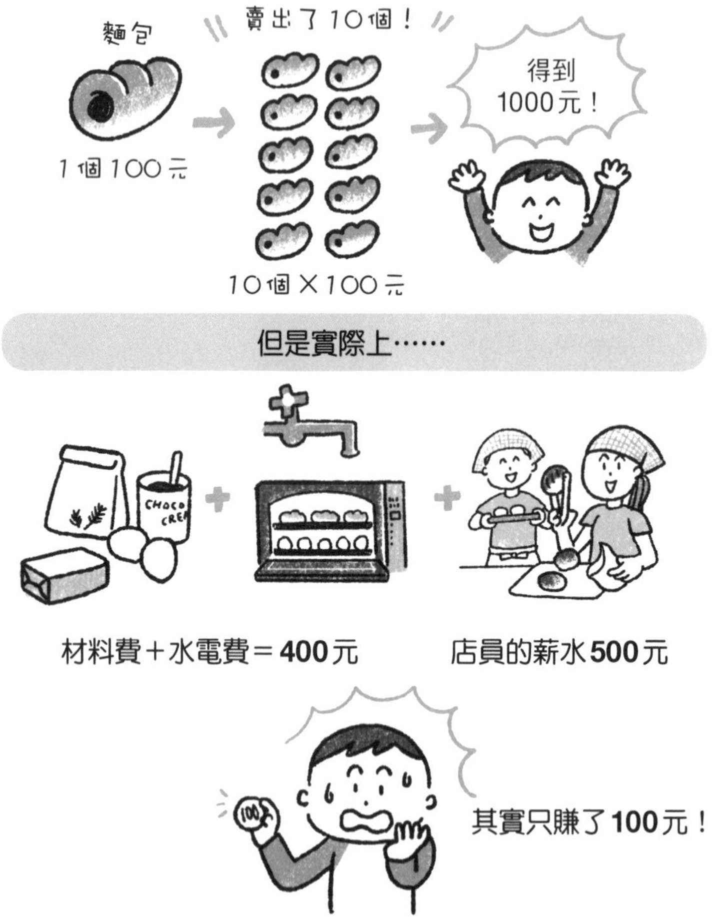
麵包
1個100元
賣出了10個！
10個×100元
得到
1000元！
但是實際上……
CHOCO CREA
材料費＋水電費＝400元
店員的薪水500元
100元
其實只賺了100元！

「賺錢」跟「不賺錢」到底是什麼意思？

理解獲得錢的方式後，可以想一想如何才能賺到錢？以「兔子和烏龜開的麵包店」故事為例，分析如下：

【麵包店大受歡迎的話】

麵包一個一百元，二十個全部賣完！

一個麵包的物料費是四十元。負責賣麵包的人（店員兩名）薪水是五百元。

營業額（二千元）－物料費（八百元）－人力（五百元）＝七百元

生活中也有很多工作是金錢無法交換的。
仔細找一找日常生活裡有沒有這種工作。

Q 賺到錢的話能做些什麼呢？

優點1：可以提高店員（工作人員）的薪水

優點2：可以增加店員（工作人員）人數

優點3：可以把店裝修的更漂亮

【麵包賣不出去的話】

做了十個麵包，卻只賣出五個。

營業額（五百元）－物料費（四百元）－人力（五百元）＝負四百元

Q 賺不到錢會發生什麼事？

缺點1：麵包店會虧損

缺點2：努力工作也沒有錢拿

缺點3：必須降低店員、工作人員的薪水父母一定要教給孩子這些知識。

每個月收到的薪水或工作收入，都從以上過程中產生。父母每天都在辛苦工作，如果賺不到錢或收入減少，是很難過的事。

煮飯、打掃、洗衣服等家事也是非常重要的工作。若父母是家庭主婦、家庭主夫也請有自信地向孩子展示工作內容，讓他們漸漸學習幫忙做家事。

站在賣方的立場，就會理解金錢的價值

去市場買可樂餅、在甜點店訂購生日蛋糕、在文具店買鉛筆跟筆記本……購物時我們總是站在「買家」的立場來看待「交易」這件事，這次帶孩子發揮想像力，試著站在「賣家」（店裡的人）的角度看看。

本章的開頭漫畫及第　頁曾提到，費心包裝、準備材料、雇用人力等都會產生成本。這些成本和能賺多少錢（獲利）直接相關。

孩子思考後也會漸漸掌握錢的具體價值，並學會感恩。

請以「兔子與烏龜開的麵包店」為例，試著做做看第74至第77頁的習作。在思考賣東西需要準備什麼、什麼東西才能賣得好的同時，孩子也能體會到工作賺錢的複雜性。

店裡工作的店員，經常會被客人道謝。

客人道謝是因為他們購買到滿意的商品。

因此，金錢可以換取「感謝」。

那麼怎樣才會被道謝呢？

賣家必須想像客人想要的商品種類，並付諸實行。客人什麼時段最想買麵包？什麼口味最受歡迎？漂亮的裝潢是否會引發話題？麵包剛出爐的時候，要不要喊口號告知客人？為了討客人歡心，賣家必須在各方面費盡心思，且這都會影響到營業額（獲利）。

雖然有點複雜，但進行這些思考也很有趣。賣家付出的所有努力將換得客人的「感謝」，還可以賺到「錢」（獲利）。

站在賣家的立場思考，不僅可以讓孩子體驗到工作的樂趣，也會對工作產生嚮往喔！

習作A

一起尋找「每天賣光麵包」的秘密！

Q 兔子的麵包店生意不好，兔子該怎麼做才能賣出麵包呢？

A

把麵包排整齊

工作時不打瞌睡

向客人推薦麵包

降低價格

把剛出爐的麵包擺在一起

清潔店內環境

製作麵包店的宣傳單

列出多少答案都可以，正確答案不只一個。請盡量發揮創意。

習作B

找出客人想要什麼樣的麵包吧！

Q 有些麵包賣得很好，有些會賣不完。差別在哪裡呢？
以賣得很好的「吐司」和賣不完的「咖哩麵包」為例想一想。

賣得很好的「吐司」

A 原因是？
- 常拿來當早餐
- 加上不同材料就有不同吃法
- 比其他店的吐司更鬆軟

賣得不好的「咖哩麵包」

A 原因是？
- 很多人不敢吃辣
- 其他店有賣更便宜的咖哩麵包
- 冷掉之後就不好吃了

站在客人的角度思考，會發現各種不同理由喔！

習作C

如何賣出總是賣不好的「咖哩麵包」？

Q 從習作B的答案，列出「咖哩麵包」賣不出去的原因吧！

A

很多人不敢吃辣

➜ 降低咖哩的辣度

其他店有賣更便宜的咖哩麵包

➜ 做出更便宜的咖哩麵包跟對手競爭

➜ 設定特價時段，將時段內的價格設定得比對手低

冷掉之後就不好吃了

➜ 發送傳單告知客人麵包出爐時間

➜ 用微波爐加熱後再給客人

雖然麵包賣不完很令人傷心，不過其實裡面藏著未來可以賣得更好的祕密！這跟個人缺點也可以轉為優點的道理一樣，將弱點轉化成自己的強項的話，也許會發現驚人的販售祕訣。

習作D

你會選什麼樣的店呢？

Q 想一想，你想去的麵包店是什麼樣子？

A

可愛的店	充滿香味的店	很早開始營業的店
有各種麵包的店	便宜的店	買很多會另外贈送麵包的店
麵包好吃的店	有獨一無二麵包的店	包裝可愛的店
店員面帶微笑的店	乾淨的店	離家近的店

「這樣的店我也想要去！」的想法是關鍵，因為這些因素對其他人來說或許也是重要的選購原因，人氣名店的祕訣也可能藏在其中。

重要的一課「做有幫助的事就可以賺錢」，「錢是有限的」

扮演店家的練習有趣嗎？

在這個練習中，孩子會漸漸發現，想賣出一個麵包需要花費許多心思。這些功夫正是「工作」，會影響賺的「錢」，並理解兩者的關聯。

習作成果1 做有幫助的事情就可以賺錢

做出好吃的麵包、整齊的排到架上、製作傳單……賣麵包非常辛苦，不是單純把麵包排到架上就會有人來買。客人喜歡哪種麵包？剛出爐的？甜麵包？鹹麵包？如果做很多種麵包會不會賣得好？套餐要放什麼？只要滿足客人的需求就能賣出商品。

做上述的工作，就可以換取到「錢」。

去公司上班、在家裡洗衣服、掃地、煮飯等等，世界上有各種工作。每一個工作都是「有幫助的事」「讓人開心的事」。請告訴孩子：「爸爸、媽媽每天都為了幫上誰的忙、讓誰開心而努力工作喔！」

習作成果2 意識到錢是有限的

錢包裡不可能有用不完的錢。也許孩子偶爾會問：「只少一塊錢，可以給我一塊錢嗎？」這時請父母不要覺得「只是一塊錢而已」就簡單的把錢交給孩子了。

因為只要少一塊錢，就算有九百九十九元也買不到一千元的商品。

習作成果3 花錢之前會三思後行

意識到一百元的價值與重量，孩子使用一百元時的態度也會改變。

當孩子理解「賺錢很辛苦」，自然就會開始衡量自己想要的東西是否有一百元的價值了。

對他們而言，一百元的價值改變了。

「錢」是「感謝」的報酬

我很喜歡「感謝」這個詞。

上課時我也經常提及「感謝」跟金錢的關係密不可分。

口渴時到便利商店買飲料，店員會說「謝謝惠顧」，也許「向顧客道謝」聽起來理所當然，但其實並非如此。

這只是單純的金錢交易。消費者用錢換取飲料，從這個角度來看，我們是否也該向願意用商品跟我們交換的店員道謝呢？通常我跟孩子這麼解釋後，大家也會嚴肅的表示：「那我之後也要記得跟店員說謝謝。」並瞭解到花錢的客人其實沒有特

謝謝你們讓我吃得開心！
原料
麵包店
店員
對各種事物
抱持感謝！

別了不起。

有了這樣的意識，就會開始對很多事情抱持感激。

如果重新回頭看，從麵包店學到的交易結構，應該能讓孩子更清楚的認知到金錢交易中有許多值得感謝的人事物。

錢是拿來交換感謝的。客人感到開心便會向你道謝，幫上別人的忙也會被道謝。

所以店員會向客人道謝，客人也要為得到想要的商品道謝。

在餐廳吃飯時，餐廳會向用餐者

道謝，客人也會向做料理、送餐、店裡的人說：「謝謝招待。」

如果「謝謝」可以跟著金錢一起在世界上循環，不是很棒嗎？

錢的流動

國家、企業、銀行與家庭的關係

我們在工作時賺錢，在日常生活中花錢，如果把用不到的金錢暫放在銀行，就能幫到現在急需用錢的人或公司。（請見下頁圖）

我們的薪水、購物消費使用的錢以及公司賺的錢，一部分會以「稅金」的形式繳納給國家、政府。政府再將這筆錢存進「中央銀行」（管理國家財產的銀行），這筆錢負責支撐大家的幸福生活。看下頁的圖就會知道錢是怎麼不停循環的：

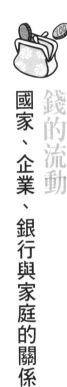

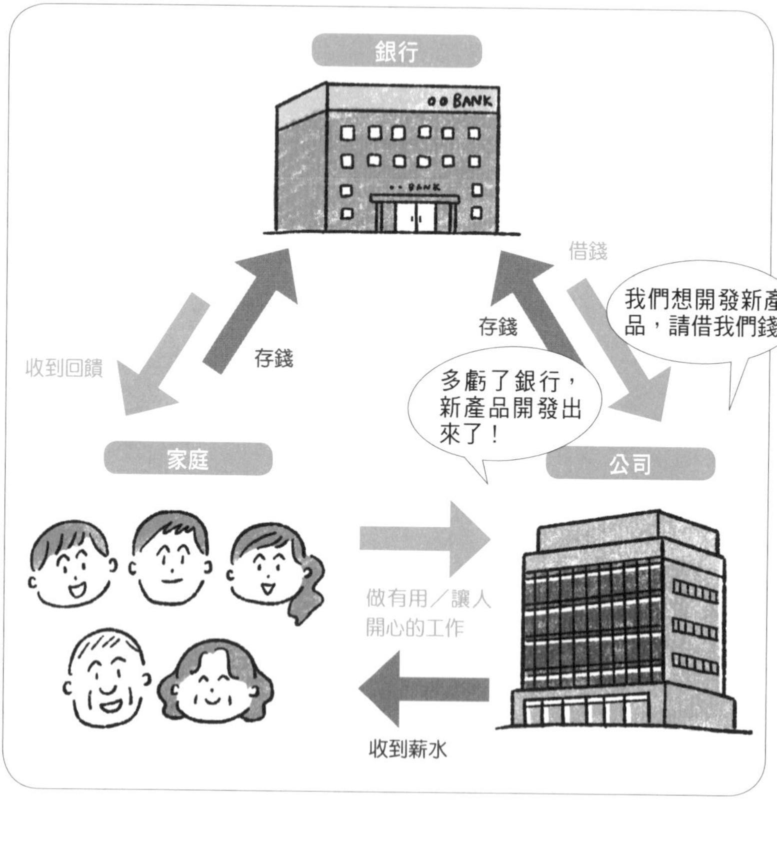
銀行
OO BANK
借錢
我們想開發新產品，請借我們錢
存錢
收到回饋
存錢
多虧了銀行，新產品開發出來了！
家庭
公司
做有用／讓人開心的工作
收到薪水

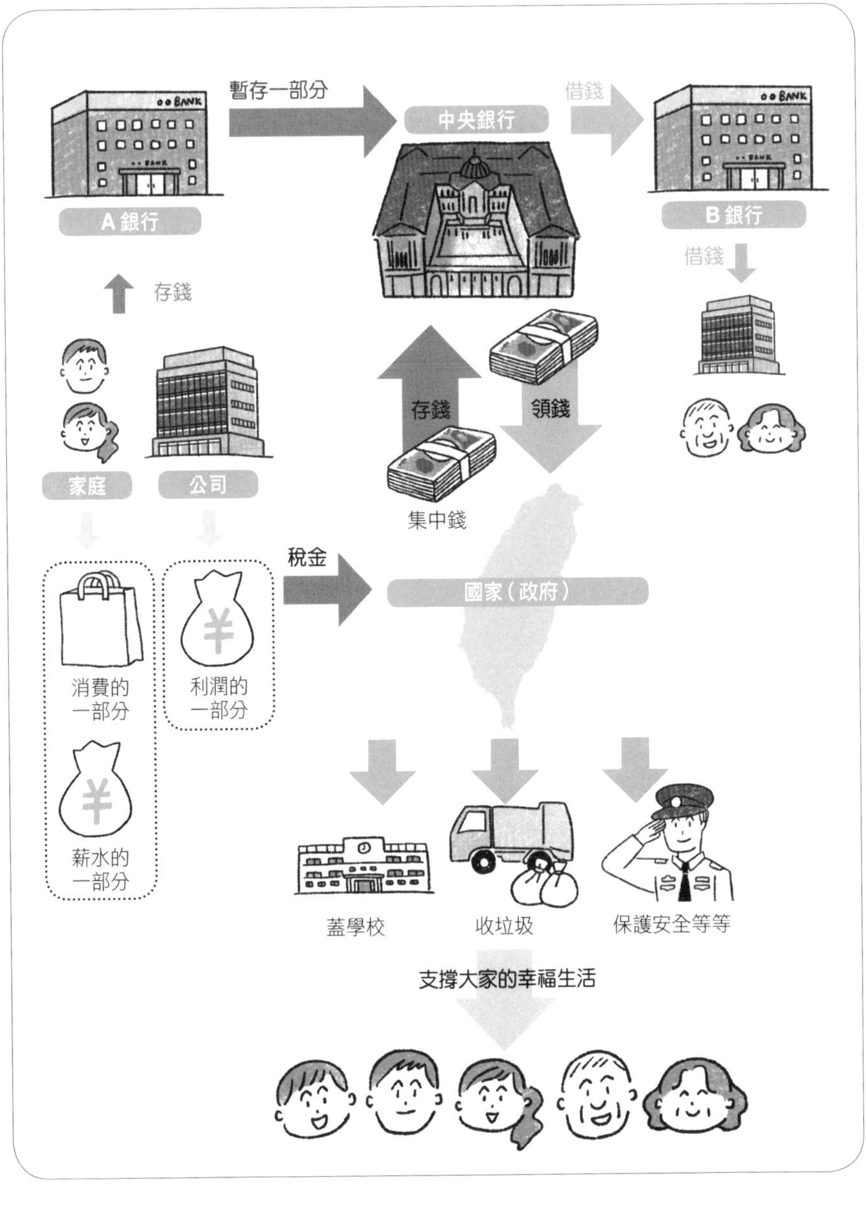
暫存一部分
借錢
中央銀行
A 銀行
B 銀行
借錢
存錢
存錢
領錢
家庭
公司
集中錢
稅金
國家（政府）
消費的
一部分
利潤的
一部分
薪水的
一部分
蓋學校
收垃圾
保護安全等等
支撐大家的幸福生活

小專欄

孩子會在一夕之間成長

帶著孩子邊學邊玩，練習過「麵包店習作」之後，很多父母都告訴我孩子有了一些變化。我想在這裡分享給大家。

一位是每次進到商店裡都吵著要買東買西，讓母親很困擾的男孩。

小男孩每次跟家人一起參加夏日祭典時，總會吵著要這個要那個，現在卻反常的沒有喊著要買東西。母親問：「今天沒有想要的東西嗎？」男孩想了想說：「因為錢是有限的，所以我很努力地在想自己到底要什麼。」

這位母親嚇了一大跳。

另外一位是很有活力、想法有點超齡的女孩。

她和父親一起去便利商店購物完要離開時，突然喊：「忘記了！」然後匆匆忙忙的回到結帳櫃台。

父親問：「怎麼了？」女孩回答：「我忘了向店員道謝了！」

對女兒主動希望在買賣時表達感謝一事，這位父親也嚇了一大跳。

孩子學會金錢的流動後，就會越來越意識到工作的意義、錢的價值。這些都是成長過程中相當珍貴的經驗。

第3章

現代小孩的必備技能！如何面對「看不見的錢」

浦島太郎，小心魔法小卡啊！
很久很久以前，浦島太郎靠著以物易物維生
請用鹽巴跟我換魚！
各位別這樣！
有一天，浦島太郎救了隻烏龜
作為回報，他被邀請到龍宮城裡
好吃
好吃
吃了大餐又觀賞了美麗的舞蹈表演，歡樂的時光轉瞬即逝！
太郎，這個是小禮物
有需要的時候就用它吧，但不能用過頭喔！
龍宮卡？

- 電子票證跟信用卡什麼都能買嗎？
- 現金跟電子票證有哪裡不一樣？
- 電子票證裡的錢永遠都用不完嗎？

我們一起討論「看不見的錢」吧！

想一想，現代「看不見的錢」有什麼優缺點？

在前面的漫畫裡，浦島太郎最終無法繼續買東西了。就算是魔法般的卡片，也不代表裡面會有用不完的錢。

①儲值卡（Prepaid Card，例如最常見的是手機話費、網路的預付卡）

②車票及月票

③電子票證（將金額記錄在卡片中，用於付費或乘車。部分智慧型手機也有此功能）

④商品券（除了可以換取固定金額商品的「禮品券」之外，也有只能換特定商

試著列出「看不見的錢」的優缺點！

優點	缺點
● 付錢方便	● 不知不覺買過頭
● 不用算零錢	● 難以確定餘額
● 錢包不會塞滿	● 儲值後難以轉回
物品	現金
● 很輕便	● 會不想記帳

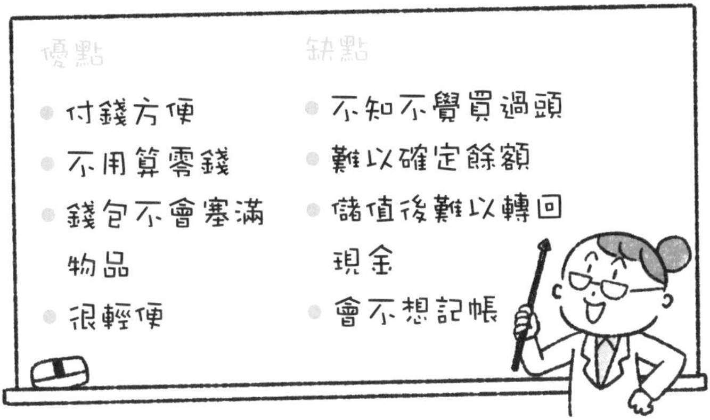

其實很多大人也無法正確使用電子票證。希望父母在
教小孩的同時，自己也確實了解電子支付的優缺點。

品的「咖啡兌換券」等種類）

⑤電話卡

在我們身邊的這些物品，全都是
價值等同於千元鈔票的「錢」。要是
弄丟，無異於遺失金錢。

然而這些現金以外的錢，由於缺
乏真實感，容易讓人感覺不到自己在
花錢、拿著錢。

我們在這一章要學習日漸普及的
這些「看不見的錢」，以及與它們打
交道的方法。

浦島太郎用「龍宮卡」（電子票
證）買到了飯糰，最終卻因為刷了太
多次卡，花光餘額而無法繼續使用。

跟孩子一起討論「看不見的錢」的優缺點吧！

正因爲「看不見」，更要記得它並非無限量

我們在前一節談到與現金等值的「變形的錢」。包括信用卡、儲值卡到商品券、電話卡、悠遊卡、一卡通等。

從出生就與這些便利貨幣共存的孩子，因為從錢包重量或鈔票數量無法實際感受到花費了多少錢，所以很難意識到它們與現金具有同等價值。但正因不管儲值多少都不會改變電子票證的外觀與重量，父母更要教會孩子金錢的價值。

下一頁提供一個簡單好懂的習作，請務必試試看。

習作E

瞭解「看不見的錢」的價值

把家中「看不見的錢」都擺在桌上，並在旁邊放上等價的現金。

實際排出來就能讓孩子瞭解：「哇！原來裡面有這麼多錢！」也就不敢再亂丟卡片了。

小心魔法卡片「電子票證」

隨著電子化支付的普及，實際用現金的機會越來越少，這樣的時代洪流我們無法抵擋。

以台灣的電子票證為例，主要有悠遊卡、一卡通、icash、Happy Cash有錢卡等四種。而日本的話則在各地都有不同交通卡，例如關東的Suica、關西的ICOCA、九州的SUGOCA、關西私人鐵道用的PiTaPa、名古屋manaca及北海道的Kitaca等。以上這些卡片除了可以用來搭乘大眾交通工具，也可以在超市、超商購物。此後電子化支付的潮流會加速普及。

不過，電子票證跟ATM一樣，都不是無中生有的聚寶盆。

請父母記得告訴孩子：

「雖然卡片像魔法一樣神奇，但裡面的錢不是無限量的喔！」

「這張卡片可以使用都是因為爸爸、媽媽在努力工作賺錢喔！」

感受現金的小遊戲①
出門時盡量給孩子零錢，讓他們去售票機購買單程票吧！

雖然用悠遊卡才有折扣，不過這是讓孩子體會出門需要花費多少錢的好機會。把這些錢看作是學習費的話其實不貴！

感受現金的小遊戲②
如果孩子找到你粗心遺落在四處的硬幣，就送給孩子吧！

你是否也會把口袋裡的零錢忘在櫃子或洗手台上呢？被孩子找到時就讓他存進「尋寶存錢筒」中吧，這是孩子接觸現金的好機會。

從以物易物開始，與孩子討論「錢的歷史」

你知道錢是何時出現的嗎？

授課時，我常會以日本的《稻草富翁》童話舉例說明。《稻草富翁》簡而言之就是一位老人用「以物易物」的方式成為富豪的故事，而錢的起源就是「以物易物」。

古代當然也有錢，不過正確來說，應該是「跟現在的錢相仿」的東西。例如，以前的貨幣有這些：

①貝殼

②鹽

③米

多為「不會腐爛」、「大家都想要」、「可以判斷價值」的物品。

有人想要貝殼，也有人想要米，每個人需要的物品不同，一旦雙方達成共識，以物易物即成立。

雖然用錢購物才有「買到」商品的感覺，不過其實現今的交易，與遠古時代用貝殼、鹽、米換取物品的行為並無二致。

我們都想換取「想要的」「必要的」東西，這時如果雙方沒有達成共識，就無法交換物品。而使用具公認價值的「金錢」，就能讓交易更順利的進行。

帶孩子辦理需要花錢的手續

如果想讓孩子體會「電子票證＝錢」，就帶孩子去儲值電子票證吧！

有空就到車站的自動售票機實際放入鈔票儲值，讓孩子親眼看見儲值金額。

「你看，有這麼多錢在裡面！」

「弄丟就糟了，要小心喔！」

告訴孩子現金與卡片是等值的。

另外，也可以帶孩子到銀行申請帳戶，就算孩子字跡不好看也沒關係，櫃台人員會親切的提供服務。親自開戶也會讓孩子對銀行印象深刻，也許那間銀行會因此成為孩子未來的主要往來銀行。

父母常會幫孩子申請電子票證或手機門號，正因為這些服務都是家長買單，更應該讓孩子理解背後的意義。如果忽略掉這些重要的申請手續，孩子就會對花錢這件事「視而不見」。

我們Kid's Money School裡有一位講師，每次要幫孩子辦卡或申辦手機門號，都一定會帶孩子到現場。辦電子票證時聽站務人員說明卡片用途，現場支付開卡費用；辦手機門號時則讓孩子自己寫申請書，聽服務人員說明零元手機的月費方案。

小專欄

盡量讓孩子在實體店鋪內購物

我在講座上曾遇到一位家長，他讓孩子盡量只購買可以在實體店面買到的商品：「因為網路購物缺乏付費的實感。有一天我突然開始擔心這會對孩子造成什麼樣的影響。在那之後我都讓孩子盡量到店面確認商品內容，實際支付現金購買。」他這樣說道。

我對這位父親的敏銳直覺讚嘆不已。

網路購物只要點幾下滑鼠就可以買到各種商品，雖然很方便，不過就如同刷卡購物，人們很輕易就會花上數千、數萬元，完全沒有真實感。

偶爾會遇到網路限定的商品或特價活動，如果孩子堅持要買這一類物品，這位父親居然會要求……

「當場付現金給幫忙刷卡的爸爸！」

訂下這個規定讓孩子非得使用現金購物，如此堅定的教育方針真是太偉大了！

如果親子間能夠這樣溝通，即使在電子支付越來越普遍的現代，孩子也能體會到「看不見的錢」的價值。試著用智慧與技巧來應對教育中的各種狀況吧！

第4章

宏觀看世界！「世界上的錢」及外匯

白雪公主和小矮人買美國的蘋果派
我想吃蘋果派！給你五百塊去買！
白雪公主其實很任性……
Exchange
請換錢！
NO!
咦？不能用台灣的錢買嗎？
真是的！
太胡來了吧！
EXCHANGE
五百元新台幣換成十元美金了！
超好吃！
哎呀 哎呀

● 台灣的錢不能在美國使用嗎？
● 錢的價值隨時都在改變嗎？

思考一下「外匯」是什麼吧！

找找身邊的「外國」

身在台灣，與周遭的人都是以中文對話。雖然外國觀光客跟來台移工人數日漸增加，不過台灣是個島國，接觸到其他語言的機會比起與鄰國接壤的大陸國家，還是少之又少。

但如果用心觀察周圍，就算不出國，也可以在生活周遭感受到「外國」的存在。

跟孩子一起找找日常生活裡看得見的各個國家吧！

習作F

探索在生活周遭的「世界各國」！

Q1

今天穿的衣服是哪個國家製造的？
是日本製的嗎？
標籤上也有可能用英文寫著
「**Made in China**（中國製）」喔！

Q2

今天的點心是哪裡生產的？

Q3

家裡的車是哪一國製造的？

Q4

超市裡的水果都從哪裡來？

世界好大喔！找到上述產品的生產地後，用地圖找一找這些國家在哪裡吧？

實際觸碰「眞正的外幣」！

你有認真觀察過錢幣嗎？

我們雖然每天都會用到錢，不過很少有人認真研究。你可以從新台幣開始，也觀察看看其他外幣，就會注意到不同貨幣在大小或質感上都各有差異。

以下介紹幾個常見的外幣。

美利堅合眾國的錢
單位：美金

特徵　美金所有面額的鈔票都是相同尺寸與顏色。正面印有著名政治家。因為是以西裝原料製作，可以看的見上面有絲線。

與新台幣相比（2020 年 3 月 30 日匯率）
1 美金≒ 30 元新台幣

義大利、法國等歐洲部分國家的錢
單位：歐元

特徵　歐元紙鈔有七種面額，分別有不同顏色。上面印有羅馬、哥德式等各種歐式建築物。歐盟（EU）的二十八國中目前有十九國使用歐元。

與新台幣相比（2020 年 3 月 30 日匯率）
1 歐元≒ 34 元新台幣

印度的錢

單位：盧比

特徵　盧比紙鈔的正面都是印度國父「聖雄甘地」。背面則印有十五種不同語言，這是因為印度有許多不同語言的使用者。

與新台幣相比（2020 年 3 月 30 日匯率）
1 盧比≒ 0.4 元新台幣

澳洲的錢

單位：澳幣

特徵　澳幣鈔票全都以聚丙烯塑膠製成。比起紙鈔更持久，也更難以仿造。

與新台幣相比（2020 年 3 月 30 日匯率）
1 澳幣≒ 19 元新台幣

中華人民共和國的錢
單位：人民幣

特徵　正面印有毛澤東畫像。據說由於中國偽鈔數量多，即使拿到的只是一百元或五十元鈔票，店家也會再三確認真偽。

與新台幣相比（2020 年 3 月 30 日匯率）
1 人民幣≒ 4.3 元新台幣

韓國的錢
單位：韓元

特徵　主要流通的紙鈔有三種。正面分別是發明「諺文」的世宗大王、朱子學者李珥、儒教學者退溪李滉。

與新台幣相比（2020 年 3 月 30 日匯率）
1 韓元≒ 0.027 元新台幣

日本的錢
單位：日圓

特徵　紙鈔中央有稱作「透視水印」的防偽設計。左右下方則印有「識別記號」，不同面額的記號各不相同。日本銀行預計於二〇二四年前半發行新版日幣，一萬元鈔票正面人物將更新為政治家澀澤榮一；五千元為教育家津田梅子；一千元則為醫學家北里柴三郎。

與新台幣相比（2020 年 3 月 30 日匯率）
1 日圓≒ 0.28 元新台幣

大人也常常忽略「錢的價值隨時都在改變」

隨著全球化的發展，外幣及匯率知識變得極其重要。由於貨幣有固定形體，常常被誤以為其價值也固定不變，這可是大錯特錯。

例如孩子幫忙做家事換取到五十元。這五十元可以買到多少商品呢？

前面的漫畫中，小矮人用五百元新台幣換得十美金，買了一個十美金的蘋果派。但是一個月後，同樣拿五百元新台幣換匯，卻換得二十美金，是原本的兩倍。只用五百元新台幣就買到兩個十美金的蘋果派。貨幣的價值是不停浮動的。

一九四九年新台幣固定匯率規定一美金可以換得五元新台幣，但是現在一美金大概等同三十元新台幣。由此可知新台幣的價值也在不停變動。

想以某種貨幣換取他國貨幣時，用來判斷該貨幣價值的基準稱作「匯率」。

五百元新台幣可以換到的物品數量一直在改變。

現在
五百元新台幣可以
買到兩個蘋果派！

十年後
（說不定）五百
元新台幣只能買
一個蘋果派！

十年後的新台幣價值會是如何呢？

金錢價值因為「外幣匯率」而不停變化著。世界上有各種紙鈔及硬幣，其價值也各不相同。雖然錢有固定外觀，不過它的型態和價值並非固定不變！

透過遊戲體驗「新台幣價值的浮動」

台灣的貨幣單位是「新台幣」。

如果把新台幣拿去美國，可以買東西嗎？

答案是不行。美國不能使用新台幣，必須要換成美國的錢「美金」才行。

接下來我想介紹一個常在Kid's Money School帶孩子玩的遊戲。這個遊戲有助於孩子理解外匯及匯率，請務必讓孩子試試看。

本遊戲的任務是「去美國買一顆一美金的蘋果」。

遊戲需要有A、B、C三個人參與，我們邊進行邊說明（見第118頁）。請先準

備好換錢的「銀行」。

首先將台灣的「新台幣」帶去「銀行」換成美國的「美金」（順帶一提，前面漫畫中的小矮人是在換錢所換匯的，不是只有銀行可以換匯喔！）

拿著新台幣「三張一百元、三枚五十元、十二枚十元」到銀行換成美金。美金匯率則由擲骰子決定。

第一回合圖表匯率從一美金一百元新台幣」開始。

假設最開始的人（A）擲出三，就從圖表起點往前走三格，得到一美金七十元新台幣的匯率。請從錢包內拿出七十元，跟銀行換取一美金鈔票。

接著第二個人（B）擲出四。我們從A此時的位置（一美金七十元新台幣）再往前走四格，得到一美金一百三十元新台幣的匯率。一樣從錢包內拿出一百三十元，跟銀行換一美金。

最後一個人（C）擲出二，所以從一百三十元的位置再往前走兩格，一美金匯率為一百一十元。請用一百一十元新台幣向銀行換取一美金。

第二、第三回合匯率浮動方向不同，不過與第一回合一樣，起點匯率都是一美金一百新台幣。請一樣擲骰子後，用新台幣向銀行換美金。

三回合結束後，每個人手上都已經拿著三張一美金的鈔票了吧？

因為一顆蘋果是一美金，所以大家都可以買到三顆蘋果。

大家都成功買到了三顆蘋果。但是仔細想一想：

大家都買了三顆蘋果，但換掉的新台幣總數不一樣。

用「最划算的價錢」買到蘋果的是誰呢？

總計下來是A獲勝！

接著可以觀察，哪一格用最划算的匯率換到美金，哪一格最不划算。

B在第三回合的一美金＝六十元新台幣是最划算的匯率。

用最划算的匯率買到美金，代表新台幣價值提升，稱作「升值」。

1 此處匯率僅供遊戲遊玩方便使用，不代表真實數字。

第一回合

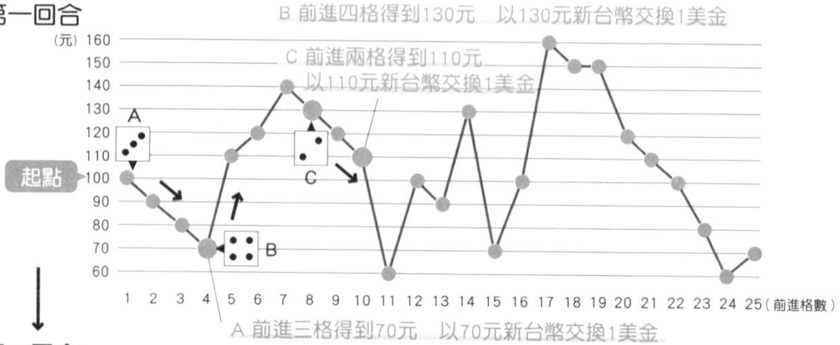
B 前進四格得到130元　以130元新台幣交換1美金
C 前進兩格得到110元
以110元新台幣交換1美金
A 前進三格得到70元　以70元新台幣交換1美金
起點
(元)
(前進格數)

第二回合

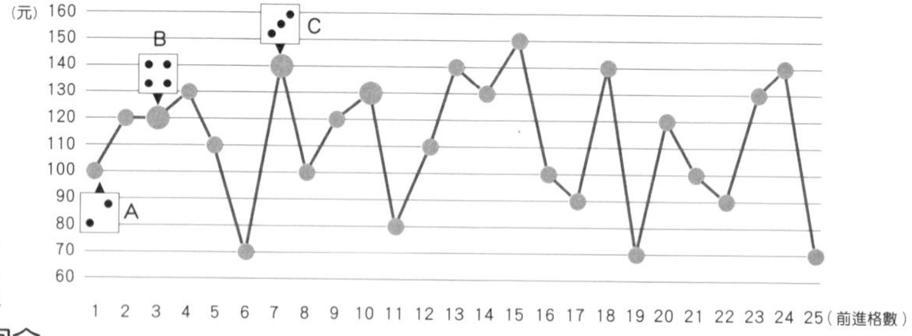
(元)
(前進格數)

第三回合

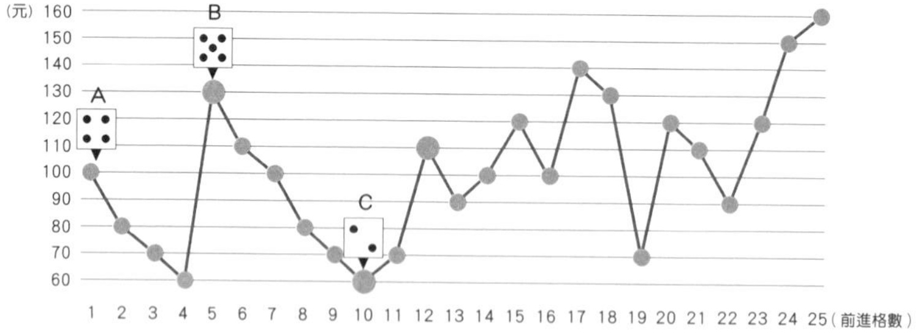
(元)
(前進格數)

	第一回合	第二回合	第三回合	合計
A	1美金＝70元	1美金＝120元	1美金＝130元	320元
B	1美金＝130元	1美金＝140元	1美金＝60元	330元
C	1美金＝110元	1美金＝130元	1美金＝110元	350元

註：此處匯率僅供遊戲遊玩方便使用，不代表真實數字。

B在第二回合的一美金＝一百四十元新台幣是最不划算的匯率。用最不划算的匯率買到美金，表示新台幣價值降低，稱作「貶值」。

活動裡用骰子來決定美金匯率，現實中則會因為國與國的交易造成匯率改變。另外截至二〇二〇年三月為止，新台幣兌美金匯率的最高紀錄為「一美金＝二五・〇一一新台幣」，最低紀錄則是「一美金＝四〇・四七九新台幣」。你知道現在一美金大概等於多少新台幣嗎？

電視節目、報紙、新聞每天都會報導，可以觀察看看。

習作G

在美國買一顆1美金的蘋果

前一章有詳細說明，在這篇整理玩法給各位。

遊戲玩法

1 一個人拿三張**100**元新台幣、
三枚**50**元硬幣及十二枚**10**元硬幣。
可以用真的錢也可以自己手作貨幣。

2 擲骰子。
如果有人負責扮演換匯的銀行會更好。

3 以擲出點數決定要往前幾格●。
最後走到的●就是**1**美金的匯率。

4 將手上的新台幣換成**1**美金鈔票。

5 一個人（或一組）玩三輪後，
合計用最划算（便宜）的價格買到蘋果的人（組）獲勝。

第一回合

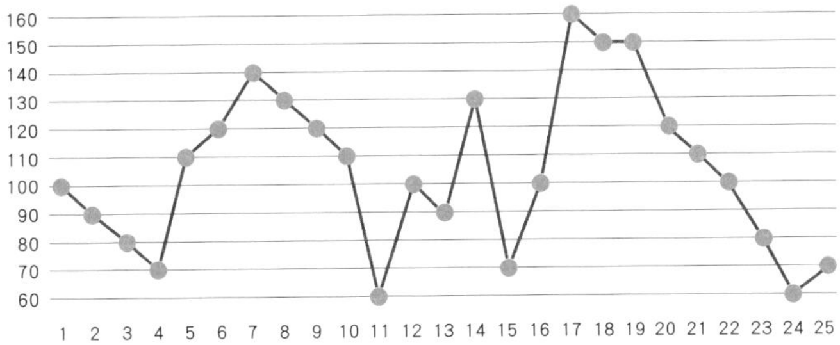

第二回合

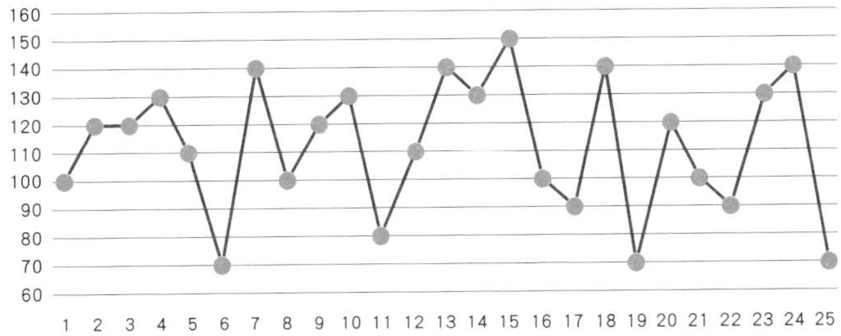

第三回合

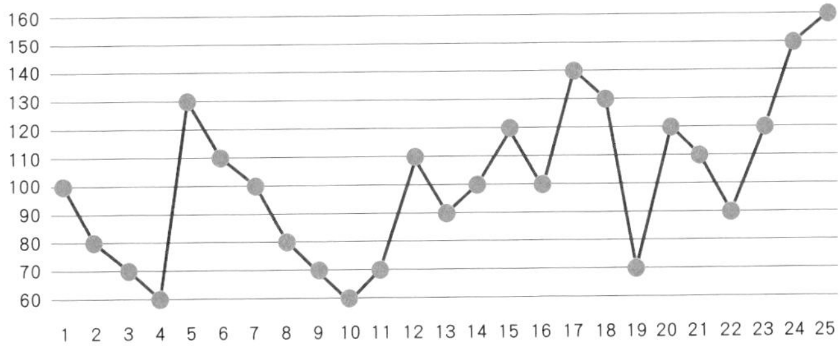

培養對「升值」「貶值」的敏感度

經過這個遊戲，孩子會對匯率很感興趣：

「接下來一美金要多少錢呢？」

「一百元新台幣可以換得到嗎？還是要更多？」

雖然三輪結束後大家都可以買到三顆蘋果，不過花費的錢不一樣。

像這樣不斷改變的美金價值，就是「外幣匯率」的特徵。

用比較划算的價錢買到蘋果的狀況是「升值」，比較不划算就是「貶值」。

我們從經濟學來看，持續升值會對購買外國製品（進口）比較有利。相對的，貶值時向他國銷售商品（出口）比較有利。

買蘋果很划算的時候

例：**1**美金從**30**新台幣變成**28**新台幣的時候……

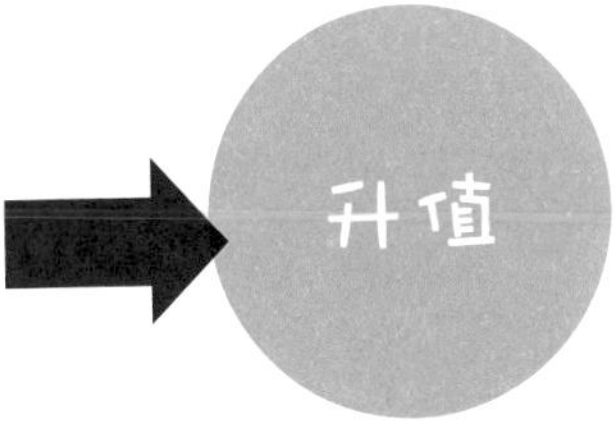

優點 進口商品、出國旅行變便宜、石油價格也會下跌

缺點 出口商品變貴，台灣的商品會賣不出去

買蘋果不划算的時候

例：**1**美金從**30**新台幣變成**35**新台幣的時候……

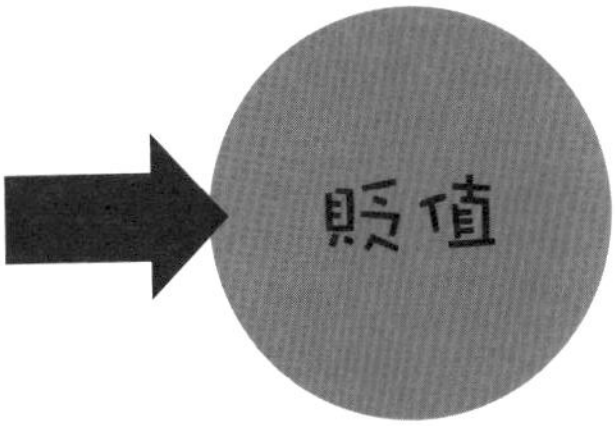

優點 出口商品變便宜、台灣的商品在國外賣得好

缺點 進口商品、出國旅行變貴、石油價格上漲

小專欄

我的二女兒用外幣零用錢的匯差賺錢

我想分享一個有趣的故事，跟我家兩個女兒的零用錢有關。

我認為在日本的外國人越來越多，因此有必要學習外匯知識。為了讓女兒習慣外匯，在她們小學時我每個月會給予一塊美金的零用錢。

最初的三個月我都以美金現金支付，後來我們就做了個excel圖表（如左頁）。

某一天二女兒說：「姐姐真的是笨蛋！」於是我問她發生了什麼事？

二女兒說：「姐姐在1美金能換到80日圓的時候，用800日圓賣給我10元美金，現在匯率變成1美金能換到101日圓了，她本來可以賺到1010日圓的。姐姐怎麼會這麼笨啦！」

顯然大女兒沒有注意到匯率的變動。

我覺得很有趣的是，這對姐妹對錢的態度完全不一樣。並不是說誰比較聰明，而是從這個小故事，可以很明顯的看出兩個人對錢的看法及差異。

姐姐會用800日圓售出美金，是因為對姐姐而言，這10元美金就只有這樣的價值。可以把美金脫手，她可能還覺得輕鬆不少。

而妹妹則注意到隨著匯率變動，手上的美金價值會提高，因此覺得非常好玩。

每個人對金錢價值的想法真的各不相同呢！

三浦家美金零用錢紀錄

		零用錢	當期匯率	平均匯率	合計
2011年	4月	US$1	¥83.34	¥83.34	US$1.00
	5月	US$1	¥81.25	¥82.30	US$2.00
	6月	US$1	¥80.51	¥81.70	US$3.00
	7月	US$1	¥79.39	¥81.12	US$4.00
	8月	US$1	¥77.22	¥80.34	US$5.00
	9月	US$1	¥76.83	¥79.76	US$6.00
	10月	US$1	¥76.77	¥79.33	US$7.00
	11月	US$1	¥77.57	¥79.11	US$8.00
	12月	US$1	¥77.85	¥78.97	US$9.00
中略					
2012年	11月	US$1	¥80.76	¥79.15	US$10.00
	12月	US$1	¥83.57	¥79.55	US$11.00
2013年	1月	US$1	¥89.16	¥80.35	US$12.00
	2月	US$1	¥93.16	¥81.34	US$13.00
	3月	US$1	¥94.76	¥82.30	US$14.00
	4月	US$1	¥97.69	¥83.32	US$15.00
	5月	US$1	¥101.08	¥84.43	US$16.00
	6月	US$1	¥97.33	¥85.19	US$17.00
	7月	US$1	¥99.75	¥86.00	US$18.00
	8月	US$1	¥97.87	¥86.63	US$19.00
	9月	US$1	¥99.27	¥87.26	US$20.00
	10月	US$1	¥97.82	¥87.76	US$21.00
	11月	US$1	¥99.78	¥88.31	US$22.00
	12月	US$1	¥103.41	¥88.96	US$23.00

世界上有各種貨幣，隨著匯率變化錢的價值也會改變。給零用錢的時候下一些小心思，就能讓孩子自然而然掌握這些知識。

關於外匯及投資

除了外匯，「投資」也是這個時代必要的知識。

例如目前台灣的銀行活儲利率為百分之〇．一。就算存入新台幣三十萬，要靠利息翻倍至六十萬得花上非常久的時間。

在我們這些父母輩年輕時，銀行利率大概落在百分之五至六左右，郵政儲金一年期定存利率甚至曾一度來到百分之九．三七五。

而日本則於二〇一九年十月將消費稅[2]提高兩個百分點，等於日本人此後將增加百分之二的日常消費支出。日本銀行[3]提出百分之二的通貨膨脹目標，二月的通膨率[4]大約落在百分之〇．四左右。

不過薪水並沒有隨之上漲，日本的銀行存款利率也止步於百分之〇．〇〇一左右。

綜合以上條件，證明了現代若單純將錢存在銀行裡，存款其實有越來越少的風險，就算金額沒有變化，實際價值也可能會貶值。

現在的銀行跟客廳裡的存錢筒並無二致。

在這個時代裡如果想賺錢，除了勤奮工作之外，就只剩下「投資」一途。

2 台灣的消費稅分為娛樂稅、營業稅、貨物稅、關稅等。消費稅是對消費或銷售行為在特定的環節徵收的一種間接稅，在現階段仍維持百分之五。

3 相當於台灣的中央銀行。

4 台灣的二月通膨率落在負百分之〇．二一。

孩子最大的優勢是擁有未來

在與孩子談論理財時，請務必提及「時間」的重要性。孩子未來還有十年、二十年、三十年要走，這是他們最大的優勢。

當學生問：「要怎麼樣才能變得比爸爸媽媽更有錢？」的時候，我會用以下的方式簡單跟他們說明投資的概念。

十歲的孩子存十萬元，假設利率是百分之七．二，六十歲時會得到本利和三百二十三萬三千九百九十四元。

四十四歲的家長存一百萬元，假設利率一樣是百分之七．二，六十歲時會得到

用計算機算算看吧！

計算方法（年利率7.2%）

利率　　按兩次

1.072 × × 原本的錢 → 存幾年就按幾次 =

計算① 44歲的父母存入100萬元，存到60歲
1.072××100萬元＝（16次） → 約**304**萬元

計算② 10歲的孩子存入10萬元，存到60歲
1.072××10萬元＝（50次） → 約**323**萬元

存起來的錢只要有「時間魔法」就會增值。

本利和三〇四萬一千七〇一元。

以複利[5]計算，十歲的孩子會得到約三百二十三萬元、四十四歲的父母則約得到三〇四萬元。

這樣算下來，這些十歲的孩子將比各位更有錢。

在此範例中明明孩子只存了十萬，比父母存的一百萬還要少，但是因為存款時間長達五十年，產生的利息算入本金中，這筆本金又會產生更多利息，存款便如此滾雪球似的不斷

5 複利是指當期產生的利息將計入下一期本金的利率計算方式。

增值。因為長期投資加上複利效果，就結果而言，本金較少的孩子反而能比父母賺到比較多錢。

如果我們再追加一萬元，讓孩子從十一萬元開始計算，到了六十歲就會有三百五十六萬元，比起存入十萬元時本利和多了約三十三萬元。

年輕人的武器就是「時間」，我想這一點在範例中應該顯而易見。我在對國小至高中的學生說話時，也會反覆提醒他們善用時間的重要性。

正所謂「知識就是財富，無知則是負債」。

「投資」跟「投機」的差別？父母也該注意的賺錢方式

大眾普遍認為「儲蓄是美德」，雖然近期也傾向以「投資」為輔進行理財，大眾對儲蓄的信仰仍難以動搖。

然而超低利率加上物價上漲，對比生活費日漸上漲的情況，儲蓄卻無法增加財富。若繼續把財富存在銀行，等同於讓財富不斷減少。

增加財富的能力並非一朝一夕能養成，不過我希望父母至少能先意識到其重要性。再來想談談「投資」與「投機」，以及這兩者的相異點。

投資 例如：運用股票等

投資指的是將錢暫借給長期看來有成長潛力的企業，或經濟成長顯著的國家股份。這些企業或國家如果有所成長，股價也會上升。短期看來，不管是什麼企業或國家都有業績（經濟）好和不好的時候，股價也會隨之上下浮動。不限於近利，而將目光放遠，將金錢投注於企業或國家的長時間經濟成長，才算是投資。

股價每天都在反覆漲跌，只憑一知半解的知識無法讀懂短時間的匯率變動。

每當新聞上宣告「股價上漲」時，民眾常紛紛搶購，這不是懂得投資，只是在隨之起舞。實際上，新聞大多只在股價升至最高點時播報，被沖昏頭的民眾卻群起爭購，股價開始跌了又急著出售，當然只會虧損。

我讀不懂股票的短期漲跌，不過長期來看一定有具發展潛力的國家或公司，就算中間偶有跌損，長遠看一定是能增值的。

通常人口正成長、年輕人比例高的國家為正在發展中的國家。短期間也許漲跌不定，不過這些國家看長期幾乎都能穩定成長。我利用投資這些外股的收入，只花八年就還清了房貸。

投機 例如：短期的股票買賣或賭博等

在股價低點買進，升值後賣出，短時間內就會有獲利。如果目標是短期獲利，就不能叫作投資，而是「投機」或「賭博」。

我們傾向將投資視作賭博的一種，不過真正的投資和賭博（投機）應該分開來談。例如我們在第128頁提到十歲的孩子能靠儲蓄賺錢的案例，就是長期將時間當作武器的「投資」。

「時間」是孩子最不可取代的寶物，只要能最大限發揮時間的效果，就能增加財富。因此，希望各位此後能有「投資」的概念。

正因為孩子有無限的未來，守護孩子成長的父母，一定要把長期投資的意義放在心上。

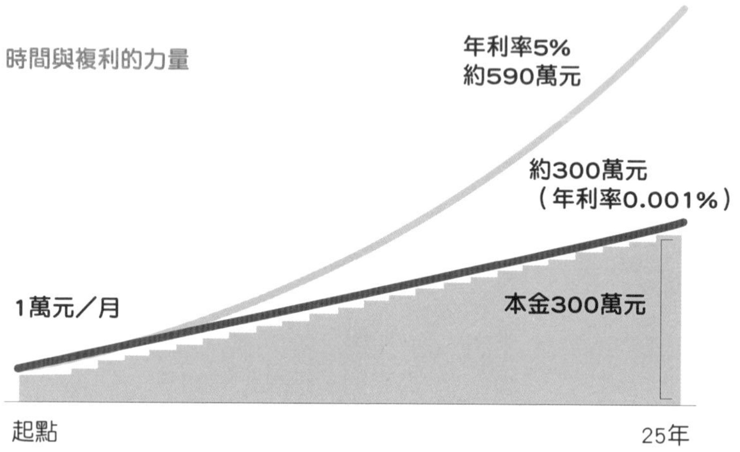

三十歲的人每個月固定投資一萬元的話，二十五年下來本金會達到三百萬元。從上圖的曲線可以看出，當複利率越高，隨著時間增加，曲線的上升率也會提高。

這就是「長期間」和「利率」帶來的好處。

假設這二十五年期間的平均利率為5%，本利和有約590萬。

假設現在銀行利率為0.001%，二十五年後的本利和會是3,000,242元。如果利率是0.2%，本利和則是3,076,294元。

投資真的非常重要，請務必了解相關知識。

從新台幣與美金的差異來看「世界」與「自己」的關係

我們在本章大略談到了世界各國貨幣、台幣與美金的價值、外匯匯率等話題，希望孩子能藉由這些知識，意識到「自己與世界相連」。

我們身上穿的衣服、吃的食物，許多都是外國製品。只要培養出能想像、綜觀很難以肉眼分辨的這些「物品」與「金錢」流通的眼界，孩子就絕對不會只以自我為中心思考，並感覺到自己也是大千世界的一部分。

「要珍惜自己。」

「能夠去上學是值得感恩的事。」

「想要發現更多不同的世界。」

伴隨著這些想法，孩子會日漸成長。

不管是自己還是身處的國家，我們都被這個巨大的世界支撐著。我也希望父母能藉由與孩子共同進行的培養金錢觀小遊戲，讓自己也習慣這樣的思考模式。

孩子們應該有很多想見的人、想成為的人、想去的地方、想吃的東西、想看的事物、或是夢想與願望吧！

「我想去德國看那位足球選手！」

「我想去義大利吃好吃的披薩！」

「我想去澳洲跟無尾熊抱抱！」

孩子一定能憑藉自己的力量前往想去的國家，夢想一定有機會實現。

雖然住在台灣，不過父母跟孩子務必要把目光放向不同國家，因為我們的生活裡充滿了許多不同世界。

我希望能培養未來將生活於這個國家的孩子，讓他們擁有勇敢做夢、實踐夢想的能力。

小專欄

你能接受的價格是多少呢？
——阿拉伯世界購物經驗

我有個朋友曾去過突尼西亞旅遊，在紀念品店看到一個特別的置物盒，喊價出乎意料的高。他雖然有聽說這情況在阿拉伯世界很常見，卻是第一次實際碰到。

朋友一開始殺價，店主便漸漸調低價格。兩人不斷攻防：「這個價錢可以嗎？」「我覺得不行。」聽起來滿有趣的。

如此喊到已經不能再降價時，友人不服輸的再殺價，店主說：「我叫上頭的人來。」新來的上層又開始一輪更固執的喊價。

最後來了一個像大老闆的人，那位老闆明明只微幅調降價格，不過朋友說，這個瞬間他不可思議地突然感覺到：「啊，這個價錢我接受。」

買一個小盒子就花了快兩個小時，不過朋友感覺這兩個小時裡被店家取悅了，也就接受了最終的價格。

這個置物盒的實際價值為何，好像已經不重要了。朋友感覺自己花錢也買到了和阿拉伯商人交涉的樂趣及所花費的時間。

我認為這就跟我們家兩姊妹的故事（第124頁）一樣，每個人對金錢價值的想法都各不相同。

第5章

讓孩子未來更富饒的「人生規劃及夢想」

螞蟻與蚱蜢的故事
未來規劃與幸福人生的關聯
有一天在昆蟲沙龍裡
聽說現在的人會活到一百歲耶！
哇！那未來還有好長耶！
我從來沒想過自己以後要做什麼耶……
我的將來……
吸
我想做的事有很多呢！我想要一邊演奏樂器唱唱歌，一邊去世界各地旅行之類的！總會有出路的！
哇！真的嗎！我以後要做什麼才好呢……
好吧！我也要來認真思考！
1年後 築巢
2年後 結婚
4年後 生小孩
5年後 幫小孩蓋房間

二、三十年後，螞蟻和蚱蜢哪邊過著幸福充實的生活呢？

孩子跟父母一起想一想吧！

由父母說明「當大人的優點」

你平常會跟孩子談自己的工作嗎？

如果不常提到，或者覺得跟孩子說也沒有用，那就太可惜了。

我在課堂上遇見的孩子常常說：

「大人沒有夢想。」

「大人很無聊。」

他們的理由是：「父母只會說好忙、好辛苦。」聽到這樣的發言，父母是否感覺被戳到痛處了呢？

所謂「忙」這個字，是由「豎心旁」加上「亡」組成的，合起來看就是「心臟死掉了」。如果父母總無意識的喊：「好忙、好忙。」孩子也會不知不覺被洗腦，身為兩個女兒的父親，我理解父母常忙於工作與家事，不過若因為抱怨工作而讓孩子對大人處以冷淡的態度，真的不值得。

因此我盡量不對孩子喊「忙」。

我會有意識的改口：「哇！我今天真是太努力了！」「哎呀……不過總會有辦法的吧？」（就算有點誇張也沒關係，不要小看語言的力量！）

我也會半開玩笑的對孩子說明當大人的好處：

「當大人超棒。可以用自己賺的錢買很多喜歡的糖果。」

「長大之後就不用寫作業了喔！」

「就算熬夜也不會被罵，是不是超好的呢？」

我希望擁有無限未來的孩子對「長大」抱有憧憬。只要大人們稍微改變自己的言行，就能夠改變孩子對未來的想像。

夢想是上班族有什麼不好？

曾有位母親沮喪地跟我說：「問孩子以後想做什麼，孩子只說想當上班族……我莫名有點失望。」

她說：「我希望孩子可以更自由快樂的做夢，如果只想當上班族，未免太現實，太不像個孩子了！」

我倒覺得當上班族的夢想也很棒喔！

世界上大多數的人都在公司裡上班。根據政府公布的資料，二〇二〇年二月就業人口有一千一百五十二萬三千人，其中九百一十八萬二千人為受雇者，算起來勞動人口中上班族佔比高達百分之七十九，也就是說約八成的勞工都屬於「上班族」。

照前述數據看來，雖然孩子的夢想比較現實，但不一定就代表很無趣喔！

希望大人不要因為自己的解讀或價值觀，為孩子的夢想貼上負面標籤。父母能為孩子做的就是：絕不否定孩子的夢想。

在一旁靜靜守護孩子
也是父母的職責！

孩子總是以大人爲榜樣

關於上一章提到想當上班族的孩子，我後來又仔細問了那位母親，才知道他的父親是典型的工作狂，一直都忙於工作。

那位父親雖然忙碌，卻相當喜歡自己的工作，總在孩子面前談論工作：

「這次爸爸做了這些事情……」

「夏天前我要去○○進行某個專案。」

「雖然很辛苦，但如果我……」

雖然父親說的事有好有壞，不過孩子也漸漸將工作視為理所當然的話題。我想這位父親絕對沒有抱怨過工作吧！

一開始因為聽到孩子的夢想而有些失望的母親說：「我老公常常很興奮地談論工作，孩子大概也因此覺得上班族很棒吧？」

我覺得這樣的互動很好。

孩子一直都看著大人，特別是父母工作的模樣、對工作的態度。所有職業都很辛苦，這些辛苦孩子都看在眼裡，也會影響到孩子對各行各業抱有的觀感及夢想。

請各位父母不要忘記這一點。

從目標回推、設定人生規劃，讓未來更具體

我在研討會常建議父母跟孩子一起從目標回推人生規劃。先讓孩子寫下夢想職業，再一起思考如何實現這個夢想。

我也讓自己的女兒試寫過，大女兒的夢想是成為「助產師」。

那要如何才能成為助產師呢？

「就讀可以考上助產師執照的○○大學。」

←

「要念○○大學，最好要考上▲▲高中，錄取分數大概是◎◎分。」

←

「要考上▲▲高中，國中成績必須達到◎◎分。」

↓

「那在小學時該學習些什麼呢？」

……大概這樣條列即可。

另外也可以問問孩子：「只要念學校教的內容就好嗎？」「是否有其他能幫助達成目標的方法呢？」並把這些內容一起列在規劃裡。

大人請絕對不要插嘴喔！這是最重要的原則。就算計劃中有錯也無所謂，將來再修正就可以了。

我們在商務場合上，為了達成業績目標，也會制定執行計劃。同理，制定計劃後孩子就會知道要實際去婦產科見習、訪問在職的助產師等等，並付諸行動。當孩子實際見到與自己抱有相同夢想，並在職場上大展身手的大人，應該也會更嚮往未來的工作吧！

抱有夢想的孩子才不會半途而廢。因為有了夢想，孩子會更清楚自己身處的位置、應該做的事情，也會變得更堅強。

習作H

寫寫看我們家的未來年表吧！

7年後	8年後	9年後	10年後	11年後	12年後	13年後	14年後	15年後

未來想做的職業或夢想是什麼？

自己的目標、想做的事

國小	國中	高中	在這之後

十五年之後，爸爸媽媽分別是幾歲呢？

未來時間 家人的名字	1年後	2年後	3年後	4年後	5年後	6年後
	（　）年					
歲						
歲						
歲						
歲						
歲						

重要的紀念日

月　日　　　　月　日

月　日　　　　月　日

月　日　　　　月　日

月　日　　　　月　日

月　日　　　　月　日

借貸可以創造「魔幻時刻」？

對育兒中的家庭來說，最熟悉的貸款應該就是房貸了吧！

能不貸款當然就不要貸款。不過如果要買房子，我認為只要能訂定完善的還款計劃，還是相當推薦各位申請房貸的。

雖然大家想買房子的理由各有不同，不過最主要還是「想打造幸福的家庭」吧！

雖然還完房貸前，房子還不能算是自己的所有物，不過在這個家生活的回憶，將變成重要的資產。

例如孩子一邊看著母親在開放式廚房煮飯一邊寫作業。

孩子在屋內和院子中奔跑。
牆壁上貼滿圖畫或手工作品。
放上直立式鋼琴。
呼朋引伴到家裡為孩子慶生。
聖誕節時擺上裝飾物。
在牆壁上畫上身高紀錄等等。

大家都是因為憧憬這些累積出來的日常生活，而想要自己的房子吧。

等孩子長大成人，屆時就算能不靠貸款買下房子，也買不到孩子的回憶吧？要花上三十年、三十五年才能還清的房貸，其實能為家人帶來無價的珍貴資產，就如同黃昏日落時才會出現的魔幻時刻[1]。因此，我不認為借貸必定是不好的事。

在這個超低利率的時代，「借貸」其實更像是在「周轉資金」。當然前提是要計算好還款時間，並向具有信用的金融機關以正當方式申請貸款。

1 Magic Hour，攝影用語，指黎明和黃昏時，日光餘輝使物體顯得格外美麗，是夢幻般的時刻。日本同名電影以此意象影射「人生最閃耀的瞬間」。

我們其實花了這麼多生活費！

要考慮未來，自然就會思考「現在該怎麼生活」。

當孩子開始這麼想，就是帶他們討論生活費的絕佳時機。

【生活中必須花的錢】（舉例）

①稅金

②國民年金與健保

③生活費（房租或房貸、水電費等）

④教育費（學校或才藝班等）

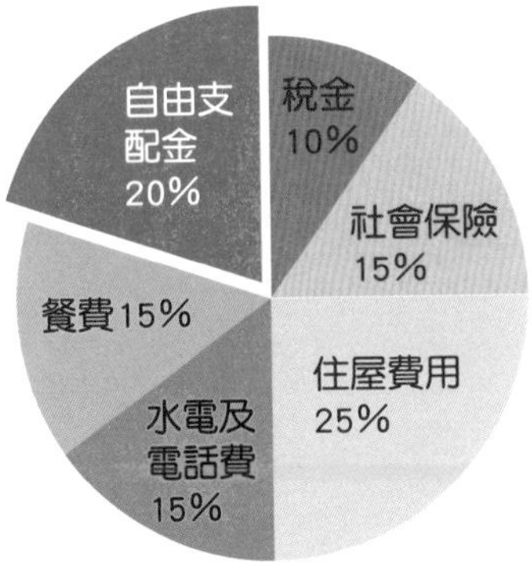

薪水並非全部都能自由使用

←占比為舉例
可以自由支配的錢其實很少。
必須先訂立好使用計劃。

舉個例子，如果一個月的水電費一千元；房租或房貸一萬五至兩萬元；文具、補習費、假日出遊費用四千元；稅金及保險三千元（以年收入六十萬估算），將上述扣除後剩下的薪水才是「自由支配金」。

假設薪水是五萬元的話，自由支配金是多少呢？讓孩子實際算算看。可以透過日常對話教會孩子，薪水並不是全都可以隨便花。

孩子上了小學後也許會開始問：「我們家很有錢還是很窮？」我在授課時也遇過不知道該如何回答這些問題的父母。

怎麼樣算貧窮、又怎麼樣才算有錢呢？有些人就算有一億元還是會擔心財產日漸減少，有些人則覺得只要有一千萬就足夠了。

生長環境及父母的價值觀會影響孩子的金錢觀。

因此別跟其他家庭或平均值比較，每個家庭應該依各自狀況決定理財方式。決定好零用錢規則後，要有自信、毫不動搖地跟孩子說：「雖然A每個月可以拿五百元零用錢，不過我們家就是按照做的家事給，這是我們家的規定。」夫妻間也要先討論好理財方式及給零用錢的規則。

對於現在的育兒世代來說，「教育費」也不容小覷。這是家庭三大支出之一，父母們也都非常關心。

問題來了，小學六年所花費的學費大約是多少呢？

A：三萬九千元

B：兩萬三千元

C：一萬五千元

答案是A：三萬九千元。

這是以公立國小一年學費約六千五百元乘上六年的結果。雖然其中包含了學費、營養午餐費等，但如果將這個金額換算成一盤三十元的迴轉壽司，六年可以吃一千三百盤！很驚人的數字吧？私立學校的學費甚至可能高達每年數十萬不等。

接著來談論經濟方面的議題，當孩子問：「稅金是什麼？」「年金是什麼？」「一定要繳健保費嗎？」的時候，你能夠馬上回答出來嗎？

「稅金」是每個國民都要付給國家，支撐這個社會的金錢。政府會用這些錢蓋學校、回收處理垃圾、研究開發、以及支付警察、老師和消防隊等公務員的薪水。這是為了共同保護國家裡每個人的安全，為了每個人的生活而繳納的錢。

「年金」和「健保費」則是大人們存進「國家存錢筒」的錢。當父母變老無法工作，或是受傷、生病住院的時候，就可以從存錢筒拿出這筆錢來用。

爲何要知道「生活中花了多少錢」？

有些父母會猶豫是否該開誠布公地告訴孩子家中帳務狀況。不過，知道自己的生活現況，絕對不是一件壞事，也不會帶來負面影響。孩子知道後也許會想：「原來這些食物這麼花錢！」「賺來的錢有一半都要用在生活上？」反而更珍惜每一粒米飯與日常用品，或更有節約意識，不會整天開著冷氣，並學會把水龍頭鎖緊。

據說如果沒關好水龍頭，一天半內漏掉的水量約有幾百元，一百瓦的燈泡如果連續開兩天大約會花掉十六元。

正所謂「生活」本身就是「花錢」，這是日常生活中必備的知識。

Q 炎熱的夏天要如何節約能源呢？

- 移動到涼爽的地方（公共設施、磁磚地板等）
- 聽清涼的聲音（掛風鈴或聽大自然音樂）
- 向地板灑水
- 吃會讓身體降溫的食物（小黃瓜、番茄等蔬果；麥茶等飲料）
- 使用節能家電
- 開電風扇
- 搧扇子

想想適合自己家的節能點子！

而省下來的錢可以拿來出遊或旅行，不要一味存錢，聰明花錢也是很重要的事。讓孩子理解家中的經濟情況，一起思考如何幸福的生活下去不是也很棒嗎？

從幾百塊的失敗中獲得經驗

我們在第131頁有談到投資的視野很重要，我們因為缺乏學習、實踐投資的經驗，常避之唯恐不及，覺得投資「很恐怖」，「最好別碰」。

一位在Kid's Money School的員工，他的女友是銀行行員，被上司勸說投資了價值十三萬五千元新台幣的印度股票，而印度經濟惡化時，那筆股票的錢跌到只剩五萬四千元新台幣，女友的心情也隨之跌落谷底。她眼不見為淨的將那筆股票置之不顧，數年後因某個機緣又回去查詢，才驚覺股票回升到跟購買當下相同的價格了。

不知道是否因為這次的經驗實在太深切，這名員工的女友瞭解到投資必須長期觀察，對投資的恐懼與偏見也一掃而空。

Q 要如何才能成為不輕易上當、不會被騙錢的大人呢？

A 必須理解「風險與報酬的關係」。
無風險高報酬是危險的。
低風險高報酬也是危險的。
不管什麼投資，永遠都是「高風險高報酬」或「低風險低報酬」。
希望孩子長大成人前學會這一切都是互相呼應的。
另外也要徹底理解錢的流通管道，只要知道金錢流向，就不會受騙上當。

這正是從經驗中學習的實例吧？

現下許多父母每天戰戰兢兢，深怕養育孩子的過程有任何差錯。

不過我認為應該慢慢讓孩子去體驗幾百塊的小失敗。

例如，孩子跟朋友因為借錢引起爭執。錢有「魔力」，如果借錢出去沒拿回來，或跟別人借錢不還，都會影響人際關係。

大人不還錢會失去信用與朋友，不過孩子們只要有大人介入指正，就可以解決爭端。當然要告訴孩子哪裡做錯，不過這正是學習金錢恐怖之處的好機會，有了這個經驗，孩子未來就能避免更大金額的失敗或人際問題。

請讓孩子體驗「失敗」。童年時期的失敗與學習總是一體兩面，孩子會因此成長。

人生的三個階段

現代被稱作「人生一百年時代」[2]。現代人的平均壽命也已經達到八十歲以上，相當長壽。雖然每天忙碌於當下的工作便已無暇顧及未來，不過我還是希望各位可以大略將人生分為三個階段。

第一階段　0～20歲的「學習時代」

父母會付錢養育我們。為了能有意義的度過工作時代，必須學習許多理財、社會相關知識的時代。

2 此為英國倫敦商學院教授林達・葛瑞騰（Lynda Gratton）和安德魯・史考特（Andrew Scott）於二〇一六年提出的概念，並大膽預測二〇〇七年後出生的人，每兩人之中就有一人可活過一百歲。

第二階段　21～60歲的「工作時代」

自己工作賺錢，也必須活用投資等工具增加財富的時代。

第三階段　60歲以上的「享樂時代」

仰賴存款及年金生存。

工作時代竟長達四十年！因此最好能找到自己真心想做、可專注其中的工作，為此必須做好準備。

越是提早準備就越能提早到達目標。

許多名人也是從小就立下「要在奧運獲得金牌」，「要打進大聯盟」等夢想。這些都是在規劃自己的「未來年表」。

看不見未來，所以「發揮想像力」很重要

人生很難照著計劃走。不過設定目標還是很重要的，思考本身才是意義所在。

有目標與沒目標的孩子在學習方法及生活方式上都不相同。因為憧憬與目標不一樣，這也是理所當然。

雖然也可以由父母帶著孩子寫「未來年表」，不過父母還是容易帶入太多個人情緒，因此建議由其他大人陪孩子寫會比較好。

完成「未來年表」之後，請每天留意。

每天將內容深植腦中、跟朋友分享夢想的同時，不知不覺中可能就達到目標了，這是一大祕訣。

設定目標也可以說是在預言自己的未來吧！人會無意識做出容易達成預言結果的行動，最終預言就會成真。

公開自己的夢想固然需要一些勇氣，請還是大膽的說出來，也別忘了跟家人及朋友宣告。

說得越多、看得越多次，「未來年表」實現的可能性就越大。

「有志者事竟成」就是這個道理吧！

小專欄

在決定要當律師後，考試拿了滿分的男孩

有個曾來參加過Kid's Money School的男孩，在寫人生規劃的時候立下了當一位律師的夢想。據說他之前在學校都散散漫漫，課業上也覺得「反正有比我更差的人」所以毫不在意，甚至對運動也不太感興趣。

不過在決定要當律師後，他開始回推自己如何達成目標：「必須考上律師執照。在那之前要先去有法律系的大學，縣內有這些學校，縣外的學校則有這些……」

最初他想當律師的原因是想賺很多錢，讓父母過得幸福。

我問他：「賺很多錢就會讓父母幸福嗎？」他又深入思考了一陣子，最終得到的解答是：「我想做能夠幫助別人、讓別人開心的工作。這樣不只能讓父母開心，也能賺很多錢！」

不管孩子最初動機是什麼，大人都可以再引導孩子繼續發想。

不過我最感動的是這孩子的積極度及行動力。他考到好分數後和學期結束時都會來向我報告成績：「拿了五科滿分！」「〇〇科的成績進步了！」

「未來」的夢想改變了這孩子的「現在」。這讓我再次體悟到夢想與目標的力量。

結語

你覺得這些金錢的知識怎麼樣呢？

最終章的螞蟻和蚱蜢提到：「現在的人可以活到一百歲。」這個時代的我們，和父母輩的時代不管在價值觀、工作及生活方式上迥然不同。日本平成時代的末尾，經歷了包含東日本大震災在內許多未曾有的災難，人們的思考方式也產生了變化。對於房產車子等「所有物」和與家人共度時光的看法，以及雖然未來很重要但更重視「現在」的想法，讓人與人更能坦誠相對了。

螞蟻跟蚱蜢的生活方式完全不一樣，不過他們都重視生活的當下。

像螞蟻這樣詳細列下生命規劃，並實際按照規劃執行每日進度的堅毅生活，不管在哪個時代都是認真勤奮的體現吧！

不過蚱蜢的生存方式也沒有錯。在這本書中也偶爾有提到，金錢除了儲蓄之外，也應該花在能讓生活更加幸福快樂的事物上。像蚱蜢這樣將錢花費在自己覺得重要、快樂的事情上，也有其優點在，絕對不是浪費。

不管哪一種都是正確的。

雖然並沒有絕對的正確答案，但不論選擇螞蟻或蚱蜢的生存方式，都必須立定計劃。決定眼前的生活道路，會為「現在」的生活勾勒出輪廓，讓生命更有意義。

《伊索寓言》的原有結局中，蚱蜢最終受到慘痛教訓。不過放到價值觀及生活方式都更多樣化的現代來看，我認為兩邊的生活方式都沒有問題，不過千萬別忘了訂定人生規劃喔！

希望各位讀者也能夠訂定人生規劃，藉此更注意到人生美好的一面。大人也可以像孩子寫作文一樣寫下未來夢想，並透過人生規劃，好好思考適合自己生活的妥善理財方式。

一旦碰到理財相關問題，別敷衍過去，而是要用認真的態度來面對金錢。請檢視自己的家庭財務或金錢流向，思考如何才能解決對理財的不安感。

若是自己無法解決的狀況就找專業人士討論。我們就是為此存在的，請隨時來找我們吧！

煩惱與不安都是我們為了今天做出努力的證明。

而幸福與安心，和煩惱與不安其實是一體兩面。

當煩惱和不安出現，只要家人齊心協力就能克服，這正是我們發揮生存能力的時刻。我認為這才是所謂生活的本質。

在日常生活、孩子教養、夫妻關係、職場關係中尋找快樂吧！

我們如果能快樂的生活，孩子一定也會感受到，讓我們肩負起孩子對大人的憧憬吧！

最後，在此向協助成就本書的各位，大阪的草野麻里小姐、堀久志先生、裏野由美子小姐、モリッグ大哥、川田俊介先生、岐阜的高田秀輔先生、高田三佳小姐、東山崎鮎美小姐、山口的岡野翔先生、仙台的高田敏博先生、筑波的石塚安代小姐、愛知的鳥海翔先生、名古屋的岩本貴久先生、鹿兒島的町田貴之先生、滋賀的內山義之先生、愛媛的佐川啓子小姐、大分的藤原祐子小姐、篠崎美保小姐、太田伸子小姐致上謝意。沒有各位的協助，這本書無法完成。

也非常感謝這些與我一樣「希望能為孩子有所付出」，「希望能為父母付出」的夥伴們。

我們會與全國兩百五十名講師一起，為了從今以後將肩負起這個國家的孩子們，繼續為社會貢獻棉薄之力，並將此視為在金融相關產業工作的我們的使命。

寫於令和元年新時代的開端

希望孩子們能夠成長為具備生存能力的大人　三浦康司

附錄

孩子提問時可以馬上回答的
金融用語集

當孩子問：「這是什麼意思？」的時候，能輕鬆應答就太好了呢！

稅金

分為「直接稅」與「間接稅」。

直接納稅給政府的費用稱為「直接稅」。包含按照收入高低繳納的「綜合所得稅」、依公司獲利繳納的「營利事業所得稅」等。

「間接稅」例如營業稅、菸酒稅等，是透過商家間接繳納給政府的。

稅金會被使用在修築道路、蓋學校等公共建設，是為了打造更舒適的國家不可或缺的錢。

關稅

從外國將物品帶回來，或者將物品帶出國外，都會被課稅。這些稱為關稅。

從國外旅行帶回來的伴手禮如果超過指定數量，也會被課徵關稅。

年金

為了辛苦工作一輩子的老年人不用再繼續勞動，現在的勞動者共同出資提供的津貼。這是讓國民全體相互支持彼此生活而設立的制度。

銀行

把錢存在裡面可以得到利息，也可以向它借錢。在銀行可以領到公司發放的薪水，也可以把錢送給位在很遠地方的人。

非現金支付

不使用紙鈔或硬幣，而是用信用卡或電子票證付款的支付方式。

金融卡

用金融卡可以在ATM領出自己存在銀行帳戶裡的錢。最近不管是便利商店或超市都設有ATM，提款變得非常方便。

中央銀行

一般人無法在中央銀行存款。它的主要功用如下：

1. 銀行的銀行。可以接受銀行的存款也可以借錢給銀行。
2. 發行貨幣。
3. 當國家的銀行，管理收來的稅金。

儲蓄

「把錢存起來」或者是「存起來的錢」。

國債

由國家發行的債券。政府向國民借錢，而後會加上利息返還。政府會使用借來的錢支撐國民的生活。

利息

在借貸金錢時的「禮物」。
貸款方在本金之外會多收到追加的利息。
借款方在本金之外要多支付追加的利息。

利率

相對於存進的本金，每年收到的利息比例為利率。如果存入100萬，1年後拿到1萬元利息，利率為1%（不考慮稅金）。

單利

只對本金產生利息。

複利

除本金之外，得到的利息也會產生利息。

儲值卡

先付款才能使用的卡片。可以反覆加值後使用。跟信用卡不同，只能使用預先存在裡面的錢。

電子票證

購物時不用現金就可以輕鬆付款的工具。包含悠遊卡、一卡通在內都是電子票證。

貸款

跟銀行借錢。

商業年金保險

為了年老後所需自行投資的年金。每個月投資固定金額，在一定年齡後（60或65歲）可以每年領取年金給付至終身。

股票（股份）

股票或股份是公司需要籌措資金時發行的產品。也可以說是公司的價值。支持這間公司及已經不再支持這間公司的人可以互相買賣股票。

股份公司

發行股票籌措資金來維持營運的公司。

薪水

勞動後所換取等值的錢。

倒閉

公司花光資金無法維持營運，導致必須停業的狀況。

信用卡

就算沒有現金也可以在店裡消費的卡片。花費的錢在限定期間後要支付。沒有信用的人無法使用信用卡。

分期付款

信用卡支付方式的一種。不用一次付完商品金額，而是每個月支付固定金額。分期付款可能會追加利息，一定要小心。

簽帳金融卡（Debit Card）

購物或在外用餐時可以用來支付的卡片。跟信用卡不同，簽帳金融卡在刷卡時會立即從帳戶中扣款。

記帳士

跟稅務有關的專家。主要工作內容為稅務代理、處理納稅文件、稅務諮詢等。

執業會計師

審計、會計業務的專家。

理財規劃顧問（Financial Planner）

「理財規劃」指的是為達成個人的夢想或目標，而制定全面性的財務計劃，從經濟面來達成目標。進行理財規劃需要具備跟家庭財務相關的金融、稅制、不動產、房貸、保險、教育費、年金制度等廣泛知識。而理財規劃顧問是擁有以上知識，協助、支持客戶一同達成理想的專業人員。

破產

指失去所有財產。在法律程序上，破產後會由法院將破產人的所有財產公平分配給債權人。

景氣

並非單一公司，而是整個社會的買賣狀況好壞。也就是「整體經濟活動的動向」。景氣表示的是國家或社會中有多少金錢在流動。

①景氣好：國家整體經濟好，有許多錢在市場上流通。

②景氣不好：國家整體經濟差，大家都不太花錢的狀態。

房租

租借房子或房間所花費的錢。

恩格爾係數

食物費用佔生活總支出的比例。

鑑賞期制度

在限定時間內，即使簽訂契約還是可以解約的消費者保護制度。

就學貸款

就學貸款可以幫助貧窮但是想要唸書的學生。銀行會借錢給想要繼續讀書的人。不過因為貸款人畢業就職後還是必須還清所借金額，貸款時一定要想清楚再做決定。

國家圖書館出版品預行編目資料

從小就該知道的金錢觀：父母與子女必讀的理財啟蒙書 / 三浦康司著；吳羽柔譯. -- 初版. -- 臺北市：商周, 城邦文化出版：家庭傳媒城邦分公司發行, 2020.04
面； 公分

ISBN 978-986-477-793-8（平裝）

1.親職教育 2.子女教育 3.理財

528.2　　109001072

從小就該知道的金錢觀：父母與子女必讀的理財啟蒙書

作　　者／三浦康司
譯　　者／吳羽柔
責任編輯／黃筠婷
版　　權／黃淑敏、翁靜如、邱珮芸
行銷業務／林秀津、王瑜、周佑潔

總 編 輯／程鳳儀
總 經 理／彭之琬
事業群總經理／黃淑貞
發 行 人／何飛鵬
法律顧問／元禾法律事務所　王子文律師
出　　版／商周出版　城邦文化事業股份有限公司
臺北市104中山區民生東路二段141號9樓
電話：(02) 2500-7008　傳真：(02) 2500-7759
E-mail：bwp.service@cite.com.tw
發　　行／英屬蓋曼群島商家庭傳媒股份有限公司　城邦分公司
聯絡地址／臺北市104中山區民生東路二段141號2樓
書虫客服服務專線：(02) 25007718・(02) 25007719
24小時傳真服務：(02) 25001990・(02) 25001991
服務時間：週一至週五09:30-12:00・13:30-17:00
郵撥帳號：19863813　戶名：書虫股份有限公司
讀者服務信箱E-mail：service@readingclub.com.tw
城邦讀書花園www.cite.com.tw
香港發行所／城邦（香港）出版集團有限公司
香港灣仔駱克道193號東超商業中心1樓
電話：(852)2508-6231　傳真：(852)2578-9337
Email：hkcite@biznetvigator.com
馬新發行所／城邦(馬新)出版集團 Cite (M) Sdn. Bhd.
41, Jalan Radin Anum, Bandar Baru Sri Petaling,
57000 Kuala Lumpur, Malaysia
電話：(603) 9057-8822　傳真：(603) 9057-6622　E-mail: cite@cite.com.my

封面設計／張嘉容
電腦排版／唯翔工作室
印　　刷／韋懋實業有限公司
總 經 銷／聯合發行股份有限公司　電話：(02)2917-8022　傳真：(02)2911-0053
地址：新北市231新店區寶橋路235巷6弄6號2樓

■ 2020年04月初版
■ 2023年02月初版1.9刷

Printed in Taiwan

城邦讀書花園
www.cite.com.tw

ISBN 978-986-477-793-8
定價／360元　